Eichhörnchen zweifeln nicht

Geschrieben von Lars Grewe
im nördlichsten Haus Deutschlands

Auf den Spitzen 27
27356 Rotenburg

Fotos: Merle Grewe
Umschlaggestaltung: floss-design
Verlag: UP CONSULTING GmbH

ISBN: 978-3-00-045622-0

Das nördlichste Haus mit dem nördlichsten Fenster, dem nördlichsten Tisch, dem nördlichsten Stuhl, dem nördlichsten Kaffeebecher, dem nördlichsten Brötchen …

(… der seltene Fall, dass Aufzählungen richtig Spaß machen)

Inhaltsverzeichnis

PROLOG (4. Dezember 2010)

Dieses Buch ist ein Versuch.
Der Versuch, das Leben zu erklären.

Sie werden jetzt vermutlich denken – und wahrscheinlich zu Recht: „Was für eine Anmaßung". Das hat noch niemand geschafft und viele haben es versucht. Und überhaupt ist das Leben, die Menschen, das Miteinander viel zu komplex, als dass es in seiner Ganzheit einfach so erklärt werden könnte. Allein die Formulierung „Leben" ist schon zu weitläufig, interpretationsfähig, nicht fassbar ... – Sie merken, schon der Anfang birgt seine Schwierigkeiten.

Ich möchte also anders beginnen. Kennen Sie das Gefühl, dass Sie eine Sache nicht mehr loslässt, Sie jeden Tag wieder an sie erinnert werden? Gibt es etwas in Ihrem Leben, ein Traum, ein Wunsch, ein Ziel – das Sie immer wollten, aber noch nie versucht oder auf den Weg gebracht haben? Eine sehr spannende Frage!

Bei mir ist es dieses Buch. Diese Idee ist jetzt reif.

Marie von Ebner-Eschenbach inspirierte mich vor vielen Jahren mit dem Satz:

»Sag etwas, was sich von selbst versteht, zum ersten Mal, und du bist unsterblich.«

Nun denken Sie bitte nicht, dass ich diese Zeilen zu Laptop bringe, um Unsterblichkeit zu erlangen. Nein, ich möchte lediglich etwas neu zusammenfügen, was schon alle wissen, aber nicht in dieser Kombination und mit diesem Resultat.

Auf einer Rathaustür las ich einmal folgende Inschrift: „Keiner weiß so viel wie wir alle zusammen." Also kam mir ein recht simpler Gedanke: Bringe die besten Zitate der größten Denker unserer Geschichte in ein Regelwerk, das sich nachweislich ergänzt – dann wäre das Leben erklärt.

Also hinter das System kommen, einen Schlüssel finden. Ich glaube, ihn gefunden zu haben.

Hier setzt der Größenwahn an – er wurde mir noch nicht von meinen Freunden bestätigt, aber mir selbst bereitet dieser letzte Satz ein wenig Angst. Mein ältester Freund Andreas würde mich vielleicht noch in meinem Ziel bestätigen. Leider ist er der einzige.

Aber lassen Sie mich hier nicht aufgeben. Was hilft der schönste Sonnenaufgang, wenn wir nicht aufstehen. Wahrscheinlich denken Sie jetzt, was für ein imposanter Satz. Natürlich stammt er mal wieder nicht von mir, sondern von Georg Christoph Lichtenberg.

Ich will ehrlich sein – es ist ein Sonnenuntergang. Einen Aufgang habe ich nicht fotografiert – das lässt tief blicken ...

Tausende Zitate habe ich in den letzten Jahren gelesen und hunderte sind in meiner „Hall of Weisheit" gelandet. Zitate mit einem gewissen Tiefgang, Witz und dem Faktor des bewussten Augenblicks. Mit 17 Jahren schrieb ich mein erstes „schönes Zitat" auf meine Federtasche:

»*Es ist alles gesagt, nur noch nicht von jedem.*«

Karl Valentin

Wie oft musste ich feststellen, dass sich die Aussagen vieler Zitate ähnelten oder mich recht schnell langweilten. Übrig geblieben sind 444 Zitate.

Wenn ich Bücher las oder Seminare besuchte, mit dem Ziel, eine Erkenntnis nach Hause zu tragen, wurde ich immer wieder enttäuscht. Meine Kollegen mögen mir diesen Satz verzeihen: Viel Gerede um nichts. Mein imaginärer Freund Helmar Nahr hätte gesagt: „Auf einen Tropfen Wahrheit kommt ein Ozean von Worten."

Ich möchte nicht diese Langeweile produzieren, allein sie anzusprechen erscheint mir schon riskant. Ich will nicht dem Satz gleichkommen: Langeweile, d. h. eine Erkenntnis zwei-, dreimal hören. Ein bemerkenswerter Verhaltenstrainerkollege gab mir einmal sein Fazit aus 20 Jahren Führungskräftetraining: „Glaube mir, Lars, es gibt sicherlich nichts Langweiligeres als einen langweiligen Menschen." Der Leser verzeihe mir. Ich musste ihm Recht geben.

Gehen Sie mit mir auf eine Reise an die verschiedenen Orte der Erkenntnis. Es wird eine Rundreise, und keine Region wird zweimal besucht – ich verspreche es Ihnen.

Heute, da ich diesen Prolog schreibe, stelle ich mir die Frage: Warum gab es so viele Momente des Glücks, als ich dieses Buch entwarf?

Vielleicht war es das Ertappen der eigenen Schwächen und manchmal auch Stärken. Vielleicht wurden mir manche Probleme von den Großen dieser Welt so wunderbar erklärt und abgeschwächt, dass ich herzlich und leicht über sie lachen konnte. Vielleicht war es aber einfach nur das Wohlgefühl, das Erlebte und Gesagte einmal allen sagen zu dürfen.

Oh Gott, auch hier schon wieder dieser Ansatz von Größenwahn. Erinnern Sie mich am Ende des Buches bitte daran.

Wer ist Lars Grewe? Da die Menschen Voyeure sind und viel über den Vortragenden wissen möchten, werde ich dieses „Gaffertum" hiermit befriedigen. Sie sind kein Gaffer? Glaube ich nicht!

So fängt man doch keine Selbstbeschreibung an, höre ich jetzt meinen Schwager sagen.

Viele Sympathien habe ich wohl nun verspielt.

Hier und jetzt muss ich eine Entscheidung treffen. Ich sage die Wahrheit – meine Wahrheit. Ich werde keine Rücksicht nehmen auf mögliche Heulsusen, Besserwisser und Genies. Ich schreibe alles und so offen, wie es mein Sicherheitsbedürfnis erlaubt. Überwachungskameras an meinem Grundstück werden hoffentlich überflüssig.

Ich muss aufpassen. Ich komme ins Labern, das ist auf Dauer nicht zu ertragen.

Also, wer bin ich? Geboren am 16. Dezember 1962 in Rotenburg (Wümme). Nach einmaligem Sitzenbleiben in der siebten Klasse und nach Anraten fast aller Lehrer, die Schule doch zu verlassen, absolvierte ich ein mittelmäßiges Abitur auf einer Privatschule.

Da werden die ersten von Ihnen hellhörig. Ah, so ein verwöhnter Sohn aus reichem Hause – stimmt.

Noch dazu recht arrogant, oberflächlich und zu sehr von sich überzeugt. Jener Schüler, den ich keinem Lehrer wünsche – noch nicht einmal meinem damaligen Deutschlehrer. Er bedachte mich damals mit dem motivierenden Satz – ich hatte mich nach einem halben Jahr das erste Mal freiwillig zu einer Frage gemeldet: „Ein blindes Huhn findet auch einmal ein Korn." Hier wurde mir das erste Mal klar, dass Unterricht auch besser geht.

Nach Überstehen meiner Gärtnerlehre – fast alle in meiner Familie sind Gärtner – schlug ich das nichtssagende Studium der Wirtschaftswissenschaften ein. Wie durch ein Wunder erhielt ich eine Doktorandenstelle beim Genossenschaftsverband Berlin-Hannover. Ich wusste weder genau, was der Genossenschaftsverband so treibt, noch war ich prädestiniert für die Doktorwürde.

Somit wurde mir diese Würde auch nicht zuteil und ich verließ nach drei Jahren den Verband. Hier aber Dank an meinen damaligen Chef, von dem ich eine Menge über das Leben und das Miteinander gelernt habe. Das klingt ganz schön platt, war aber so. Auch Dank an meine Berufskollegen, von denen ich ordentlich klauen durfte.

Das hört sich ja wie ein Nachruf an ... wieder muss ich aufpassen.

Hier beginnen nun meine Vision der Zukunft und die Zeit meiner Selbständigkeit.

Mein Ziel damals war einfach. Ich wollte tausenden von Studenten erklären, wie das Leben funktioniert. Einfache Gesetze, sich grandios und selbstbewusst zu bewerben und zu verkaufen. Fest überzeugt, sie bereits gefunden zu haben.

Ich schrieb aus hunderten von Bewerbungsanschreiben die stumpfsinnigsten, peinlichsten und arrogantesten Sätze heraus und konfrontierte die Bewerber mit diesem Wortmüll. Mit recht interessanten Ergebnissen. Dazu später mehr.

Auf der anderen Seite lernte ich vielversprechende Bewerber kennen, die ich für teures Geld den Unternehmen vermitteln wollte.

Ich mietete im noblen Zoo-Viertel in Hannover, mit damals noch renommierter Nachbarschaft von Gerhard Schröder, zwei Büroetagen, stellte eine Sekretärin und zwei Mitarbeiter ein. Wie sollte ich auch sonst mit den vielen Studenten fertig werden.

Nach fünf Monaten harter Werbung für meine Seminare und Aushang der Plakate „Studium und was dann?“ an allen Hochschulen in Hannover absolvierte ich mein erstes Seminar. Zwölf Studenten im Altenheim waren dabei – die Seminarräume waren sehr günstig.

Trotz der eher erdrückenden Atmosphäre gelang mir ein recht anständiges Seminar. Ein Teilnehmer riet mir, doch eine Sekte zu gründen – ich dachte sogar eine Minute darüber nach.

Nach weiteren drei Monaten war ich so gut wie pleite. Daraufhin gab es für mich „eine kaum größere Enttäuschung, nachdem ich mit meiner recht großen Freude im Herzen zu gleichgültigen Menschen kam“. Diese Menschen zeigten sich in Form von zwei Bankangestellten des örtlichen Kreditinstituts.

Der geübte Leser denkt jetzt: das hat der Grewe doch nicht selbst geschrieben. Richtig, es war wieder Marie von Ebner-Eschenbach.

Enttäuschungen, aber auch wundervolle Erlebnisse haben mich seitdem begleitet. Ich habe eine realistische Demut erlernt. Der Optimist ist dem „na-noch-nicht-zu-früh-freuen-aber-wird-schon-irgendwie-klappen-Typen" gewichen.

Ich bin heute seit 17 Jahren selbständig, habe 32 nette und kompetente Kolleginnen und Kollegen. Meine Idee von „JUMP!" (Just more professionally) hat letztendlich funktioniert, nicht in der Dimension wie erhofft, aber immerhin. Über eine ½ Million Schüler und Studenten haben wir bisher geschult, eine eigene Internetstellenbörse mit tausenden von Unternehmen und zigtausenden von Arbeitsstellen ins Leben gerufen.
In hunderten von Vorträgen und Seminaren durfte ich versuchen, die Menschen zu motivieren und unterhaltsam die Botschaften des Lebens zu vermitteln. Vielleicht erzähle ich bei passender Gelegenheit noch etwas dazu.

So, nun beginnt mein Buch. Ich hoffe, Sie sind noch dabei und ein wenig gespannt.

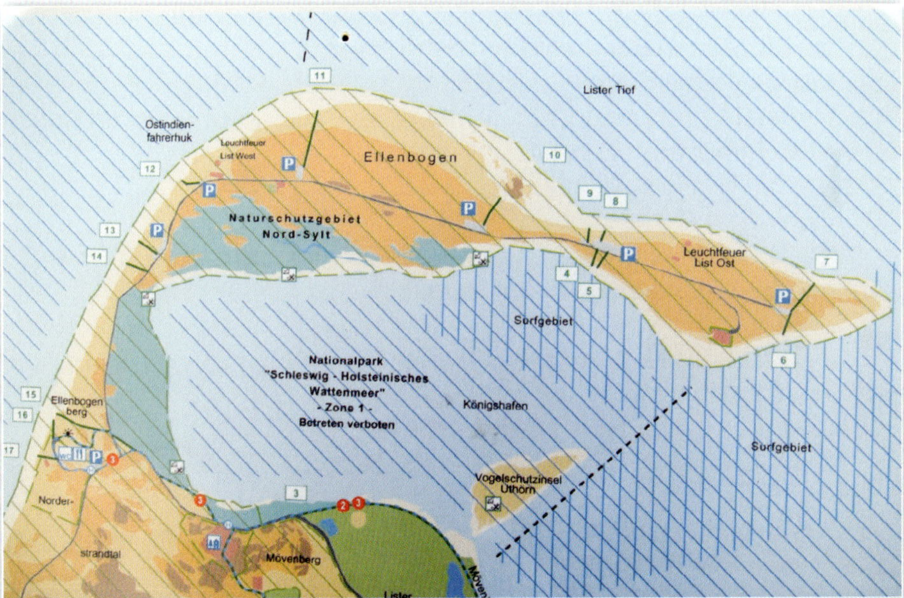

Der Ellenbogen – kein Schickimicky – Natur wie vor hundert Jahren.

BEDIENUNGSANLEITUNG

Es ist der 4. Oktober 2013, 11.30 Uhr. Ich sitze in meinem Büro. Wie jetzt? Eben war es doch noch der 4 Dezember 2010. Sie wundern sich, wie die Zeit vergeht? Nein, mittlerweile wundere ich mich nicht mehr.

Das Buch ist fertig und ich habe es vielen Freunden zum Lesen gegeben. Da ich Ihnen jetzt diese Zeilen schreibe, hat es wohl einigen gefallen – aber es sind ja auch meine Freunde ...

Ein wichtiges Detail wurde von mir vergessen:
Die „Bedienungsanleitung“ für dieses Buch.

Mein alter Deutschlehrer gönnte mir des Öfteren diesen Ausspruch:
„Grewe, wer nichts zu sagen hat, der soll die Schnauze halten – und hör auf, hier rumzulabern.“

Er liebte Kraftausdrücke und er liebte es, Dinge auf den Punkt zu bringen. Aus heutiger Perspektive finde ich das gut.

Auf den Punkt gebracht benötigt der geneigte Leser also drei Dinge:

1. Spaß an der Betrachtung eines anderen Lebens – das sich nicht mit den Großen messen kann.
2. Treffende Zitate und Ideen für Vorträge, Anschreiben, Bewerbungen oder einfach nur für sich selbst.
3. Einen Impuls für die Zukunft.

Gibt es diesen Impuls, das passende Zitat oder eine nachhaltige Erkenntnis? Ich versuche, viele Themen zu berühren.

Ich empfehle Ihnen, nach jedem Kapitel sich zwei Fragen zu beantworten:

- ☐ Lohnt es sich, darüber nachzudenken?
- ☐ Gibt es einen spontanen Impuls oder einen Kommentar?

Das Buch endet nach jedem Kapitel mit einer Sammlung von hilfreichen Zitaten. Lesen Sie die Zitate vielleicht erst, nachdem Sie alle Kapitel gelesen haben. Sonst erschlägt Sie die „geballte Weisheit“. Aufzählungen – auch geistreiche – können ermüden. Alle Zitate sind noch einmal nach Begrifflichkeiten alphabetisch am Ende des Buches geordnet.

Vielleicht markieren Sie am Ende die beliebtesten Zitate oder schreiben die Zitate zu dem passenden Kapitel.

Das Alles „könnte" Ihnen helfen ...

Sie möchten einen Vortrag halten, etwas verändern, sich bewerben, sind unzufrieden oder suchen nur Bestätigung für das Jetzt.

Am Ende des Buches zeichne ich Ihnen mein „Gemälde" aus den 17 Kapiteln auf.

Ein wenig Neugier darf hier schon geweckt werden. Die Lebenseinstellung von Karl Valentin war für mein Bild sehr hilfreich:

»Es freut mich, wenn es regnet, denn wenn es mich nicht freut, regnet es trotzdem.«

Es ist 13.50 Uhr. Ich mache mir jetzt einen Kaffee – wie gerne wäre ich jetzt am Ellenbogen.

... ach ja, und Sie lieben vielleicht Sylt!

I. Eigenliebe, der Beginn einer lebenslangen Romanze

Ich möchte mit dem wundervollen Zitat von Georg Christoph Lichtenberg beginnen:

»Wer in sich selbst verliebt ist, hat wenigstens bei seiner Liebe den Vorteil, dass er nicht viele Nebenbuhler erhalten wird.«

Selbstliebe ist meist negativ besetzt. Narzissten zählen nicht zu der Gattung der willkommenen Menschen.

Die Vorstellung von dem Mann mit der Rolex-Uhr, der einem erzählt, wie hart das Leben doch ist und dass er es geschafft hat. Der Motivationsguru mit dem Waschbrettbauch und dem Foto als 120 Kilo-Mann an der Wand. Der nicht zu ertragende Vortragsredner mit jener Körpersprache „Mein Gott, bin ich wieder gut“.

Schön auch der Ausspruch von Winston Churchill dazu:

»Wir sind alle Würmer, nur ich glaube, ich bin ein Glühwürmchen.«

oder von Oscar Wilde:

»Eigenliebe ist der Beginn einer lebenslangen Romanze.«

Dabei ist das „Selbstwertgefühl“ – klingt doch schon viel freundlicher – der Grundbaustein für alle weichen Seminarformen. Alle Trainings haben ein verbindendes Element: Achte dich selbst! Denn nur wer sich selbst achtet, kann erwarten, von anderen geachtet zu werden.

Vor 15 Jahren hatte ich hierzu ein Schlüsselerlebnis. Mein erstes Rhetorikseminar. Selbst ziemlich nervös und ausgestattet mit den großartigsten Tipps zur Körpersprache hatte ich meine erste Teilnehmergruppe an der Universität Göttingen.

Stolz führte ich vor, wie man einen sicheren Stand hat, wenn man vor einer Gruppe spricht. Nicht vor- und zurückwackeln, mit beiden Beinen fest auf der Erde stehen.

Auf die Frage, wer denn Lust hätte, eine Begeisterungsrede zum Thema „erste große Liebe“, Urlaub oder Beruf zu erzählen, meldete sich ein Stotterer. Ja, Sie haben richtig gelesen. Der erste Teilnehmer in meinem Leben bei einem Kommunikationstraining war ein Stotterer.

Ich dachte, hoffentlich geht das gut. Was ist, wenn die anderen lachen, er sich blamiert, die Stimmung im Seminar kippt. Vieles ging mir in diesem Moment durch den Kopf.

Der Stotterer stellte sich also vor die Gruppe, Blick streng auf den Boden gerichtet, und sagte: „Ja, ich weiß, ich bin klein und dick“ und wackelte nicht mit den Beinen, sondern mit dem Hintern von links nach rechts.

Er erzählte uns eine Geschichte, wie er Bud Spencer in einer alten italienischen Kneipe kennengelernt hat. Wir haben Tränen gelacht.

Obwohl er gegen alle Regeln der Rhetorik verstoßen hat – hier wurde ich zum ersten Mal Fan der natürlichen Rhetorik – ,war ihm klar, was er konnte und was nicht!

Er wusste, wer er war und liebte sich so, wie er ist. Nur deshalb hingen wir an seinen stotternden Lippen.

Jahre später durfte ich an einer Förderschule ein Seminar halten. Zwölf Freiwillige meldeten sich, als ich mit der Simulation eines Stressinterviews drohte.

Phillip war als Zweiter dran. So richtig gemein sagte ich zu ihm:

„Na, Sie sind auf der Förderschule, sind Sie zu doof?“ Nach längerem Zögern sagte er: „Nein ...(längere Pause), ich bin auf dem geistigen Niveau eines Hauptschülers, manchmal (und er wiegte mit dem Kopf leicht hin und her) bin ich ein wenig langsam.“ Dann schoss er mit seinem Körper nach vorne, streckte mir den Zeigefinger 40 Zentimeter vor meine Nase und schrie: „Aber ich werd' es schaffen, das kann ich Ihnen sagen!!!“

Jene Mischung aus Glänzen in den Augen und liebenswerter Selbsteinschätzung hätte so manchen Chef dazu veranlasst, ihm eine Chance zu geben.

Die Erkenntnis, wer man ist, kommt dem Häuten einer Zwiebel gleich. Man entfernt eine glasige Schicht nach der nächsten und legt nach Jahren den eigentlichen Kern frei. Entweder heult man dann über die Ergebnisse oder steht selbstbewusst seinen Möglichkeiten gegenüber.

Jeder Mensch ist aus anderem Holz geschnitzt. Eiche, Buche, Zeder, Tanne, klebrig, dick, dünn, robust, biegsam. Tolle Vergleiche, nicht wahr? Was könnte ein Wortkünstler daraus alles machen. Die Aussage bleibt: Jeder ist gut, aber wo und in welcher Dimension?

Zigtausende Selbst- und Fremdbewertungen haben wir in den Jahren durchgeführt. Hier ist allerdings Vorsicht geboten. Einmal gab ein Freund seiner Freundin bei der Eigenschaft „Intelligenz" einen von vier möglichen Punkten. Wutentbrannt beschimpfte sie ihn, dass er sie für dumm hielte. Mit rotem Gesicht erwiderte er, dass das doch nur ein Scherz war. „Deine Scherze, überhaupt deinen ganzen Humor, kannst du vergessen." Am Ende des Seminars hatten sie sich getrennt. Das tat mir sehr leid.

Der schöne Satz von Sigmund Freud „Gegen Angriffe kann man sich wehren, gegen Lob ist man machtlos" kam bei den beiden nicht zum Tragen.

Die Mischung aus „ich bin gut" und „ich bin auch noch für andere zu ertragen" macht den Erfolg aus. Dankbar für die Dinge, die ich kann und demütig vor meinen Schwächen, kann mein Glück gelingen. Wer seine Wahrheit nicht kennt – und glauben Sie mir, das sind viele – wird nie dort ankommen, wo er hingehört.

Somit hatte Seneca Recht:

*»Zwei Dinge verleihen der Seele Kraft:
Vertrauen auf die Wahrheit und Vertrauen auf sich selbst«*

Ich gebe Seneca Recht – welch eine Anmaßung ...

Ebenso stimme ich Wilhelm Busch zu:

»Wer mal so ist, der bleibt auch so.«

Es gibt ein „Notenblatt" meines Selbst, meiner vermeintlichen Stärken und Schwächen. Ob genetisch bedingt oder durch die Erziehung. Doch kann ich immer eine höhere Oktave erringen. Meine Stärken ausbauen und meine Schwächen kultivieren. Fange ich aber nicht an, mich selbst zu erkennen und zu mögen, darf ich mich nicht über die Konsequenzen wundern.

Sir Francis Galton, Erfinder des Fingerabdrucks, machte hierzu ein interessantes Experiment. Er beschloss, dass er der meistgehasste Mann Londons war. Früh morgens verließ er sein Haus, und es passierten ihm tatsächlich schlimme Dinge. Als Höhepunkt des Tages trat ihn ein Pferd – die Leute ergriffen natürlich Partei für das Pferd. Die sich selbst erfüllende Prophezeiung funktioniert also. Wie im Schlechten, so auch oft im Guten.

Sir Francis Galton war selbstbewusst, er war genial, er war eitel. Jeder Mensch ist eitel.

Seien Sie bitte eitel, finden Sie Ihre Stärken und sympathischen Schwächen. Seien Sie weniger konservativ. Finden Sie den berühmten Engpass in der Welt zu Ihrer Stärke. Wer allerdings zu sehr von sich überzeugt ist, sollte – wie Lothar Schmidt meint – öfter einmal den Stellenmarkt im Anzeigenteil einer Zeitung lesen. Er sieht dann, für wie viele Stellen er nicht qualifiziert ist.

Die Verbindung aus „sich seiner selbst wert sein" und der Höflichkeit seinen Mitmenschen gegenüber zeichnet die großen Frauen und Männer aus. Es ist die Grundlage für den wirklichen Erfolg.

Wunderschön noch die Erkenntnis von Marie von Ebner-Eschenbach:

»Es gibt keinen besseren Grund, höflich zu sein, als die Überlegenheit.«

TIPP: LIEBE DICH SELBST!

- [ ] Lohnt sich, darüber nachzudenken.

- [ ] Mein Lieblingszitat:

- [ ] Mein Impuls/Kommentar:

Selbstwertgefühl • Selbstvertrauen • Lob • Überlegenheit
Eigenliebe • Eitelkeit • konservativ • Selbstkritik

*»Man muss sein Leben aus dem Holz schnitzen,
das man zur Verfügung hat.«*

Theodor Storm

»Wir sind alle Würmer, nur ich glaube, ich bin ein Glühwürmchen.«

Winston Churchill

»Wer in sich selbst verliebt ist, hat wenigstens bei seiner Liebe den Vorteil, dass er nicht viele Nebenbuhler erhalten wird.«

Georg Christoph Lichtenberg

»Eigenliebe ist der Beginn einer lebenslangen Romanze.«

Oscar Wilde

»Jeder Mensch ist eitel. Aber es kommt immerhin darauf an, worauf.«

Richard von Schaukal

»Es sind die schwächsten Säue nicht,
an denen sich die Säue reiben.«

Henry Miller

»Wer mal so ist, der bleibt auch so.“«

Wilhelm Busch

»Im Hinblick auf seine eigenen Ansichten ist
jedermann konservativ.«

Lothar Schmidt

»Ein Konservativer ist ein Mensch, der glaubt,
dass nichts zum ersten Mal getan werden sollte.“«

Alfred E. Wiggam

»Gegen Angriffe kann man sich wehren.
Gegen Lob ist man machtlos.«

Sigmund Freud

»Sage mir, wer dich lobt, und ich sage dir,
worin deine Fehler bestehen.«

Lenin

»Kritik ist gut, Selbstkritik ist besser.«

Lothar Schmidt

»Wer zu sehr von sich überzeugt ist, sollte öfter einmal den Stellenmarkt im Anzeigenteil einer Zeitung lesen. Er sieht dann, für wie viele Stellen er nicht qualifiziert ist.«

Lothar Schmidt

»Zwei Dinge verleihen der Seele Kraft: Vertrauen auf die Wahrheit
und vertrauen auf sich selbst.«

Seneca

»Es gibt keinen besseren Grund, höflich zu sein,
als die Überlegenheit.«

Marie von Ebner-Eschenbach

II. Sympathischer Löwe oder arrogantes Lamm

Am Ende meines Studiums erreichte mich die überraschende Frage: Wie bekomme ich einen Job? Ich zähle nicht zu den ehrgeizigen Menschen. Wohl eher zu der Gruppierung „des einfachsten Weges“. „Lernen auf Lücke“, erst dann Gedanken machen, wenn es soweit ist, der kennt schon jemanden, der mir hilft ... – Sie verstehen mich?

Mein Lösungsansatz daraufhin war genial, ich muss es mit stinkendem Eigenlob sagen. Das Thema meiner Diplomarbeit wurde:

„Das Vorstellungsgespräch“

Ziel war es, möglichst viele Personalchefs kennenzulernen und mit der Frage zu konfrontieren: Was ist das Wichtigste bei der Einstellung eines Bewerbers? Ich entwickelte einen empirischen Fragebogen, klebte eine Zeichnung von Uli Stein auf den Umschlag und ließ mir 14 Zeilen dazu einfallen. Zwei Wochen knetete ich mit meinen Freunden an den Wörtern.

Sehr geehrte Damen und Herren,
ich habe eine sehr große Bitte an Sie!

zur Zeit arbeite ich an meiner Diplomarbeit über die "Grundprobleme der Personalbeurteilung" und sammle aktuelles empirisches Material in Großunternehmen und Behörden.

Mein Interesse gilt dabei nicht nur der Frage, ob Ihre "Aufnahmeprüfung" ebenso anspruchsvoll wie in der Zeichnung gestaltet wird, sondern generell allen Problemen, die mit der Beurteilung von Menschen zusammenhängen.

Ich bin mir bewußt, daß die Beantwortung des beiliegenden Fragebogens Ihnen außer Mühe lediglich einen dankbaren Studenten einbringen wird, dennoch hoffe ich auf Ihre Unterstützung. Wenn Sie mir dann auch noch ein persönliches Gespräch ermöglichen, wäre ich meinem Ziel ein riesiges Stück näher. Im Falle einer Zusage möchte ich mich schon im voraus ganz herzlich bei Ihnen bedanken. Die Ergebnisse meiner Arbeit werde ich Ihnen selbstverständlich zukommen lassen.

Mit freundlichen Grüßen

Lars Grewe

Damals noch mit Schreibmaschine ...

Lars Grewe
Deichmannstr. 2

3000 Hannover 1

Tel.: 0511/625410

Student der Wirtschaftswissenschaften
an der
Universität Hannover
Wunstorfer Str. 14

Auf der Rückseite des Umschlages war ein Foto von mir.
Es drückte unmissverständlich aus: „Helft mir oder ich gehe unter".

50 Topunternehmen schrieb ich an. Unilever, IBM, Beiersdorf AG, Esso ... alles Unternehmen, bei denen jeder BWL-Student gerne anfangen möchte. Mein Professor prophezeite mir eine Rücklaufquote von 5%. 48 Unternehmen haben mir geantwortet. Außer Becks-Bier und Eduscho. Typisch Bremen.

26 Personalleiter durfte ich persönlich befragen. Der charmante Nebeneffekt war, diejenigen zu interviewen, die mich später befragen würden.

Und was war das hochwissenschaftliche Ergebnis meiner Diplomarbeit?

Das Wichtigste bei der Einstellung des Bewerbers ist: TaTa – die Sympathie!

Eine Personalleiterin bemühte hierzu ein Zitat von Nicolas Chamfort:

»*Man erreicht nichts mit seiner Intelligenz, wenig mit seinem Geist, alles mit seinem Charakter.*«

Sie meinte: „Der Charakter eines Menschen, seine Ausstrahlung, seine Individualität, macht ihn zu dem, was er ist. Charakter kann man nicht erzwingen." Aber man kann viel über seinen eigenen Charakter lernen, wenn man ihn denn kennt. Beobachten Sie einmal eine Person, wie sie sich Menschen gegenüber verhält, die ihr nichts nützen. Hier zeigt sich oft der wahre Charakter, unverblümt und ehrlich.

Eines der wenigen wichtigen Dinge, die ich aus dem Studium mitnahm, war der „Halo-Effekt", auch Überstrahlungsfehler genannt. Der häufigste Beurteilungsfehler zwischen den Menschen. Manche nennen es auch den berühmten ersten Eindruck.

Eben die persönliche Schublade, in die ich den anderen einsortiere.

Jemand kommt zu spät zum Termin, sagt, er hätte den Bus verpasst, knallt mit dem Kopf gegen die Türzarge, riecht nach Knoblauch und popelt verlegen in der Nase. Die Chancen für diesen Menschen sind begrenzt. Wo ist seine sonst so sympathische Ausstrahlung ...?

Aber was macht Sympathie aus? Warum Sympathie als Lebensziel?

Sympathie öffnet viele Türen. Die Einsicht, nicht sympathisch zu erscheinen, ist der erste Schritt, sein Leben zu verändern. Sympathie heißt, Fehler zu haben und über diese auch lachen zu können. So auch Benjamin Disraeli:

»Es steht schlecht um einen Menschen, an dem man nicht einen einzigen sympathischen Fehler entdecken kann.«

Wer nur glänzt, blendet irgendwann. Der Sympathiefaktor als eigenartige Mischung aus Selbstwertgefühl und helfen wollen, Ehrlichkeit und Verschwiegenheit, Kritik annehmen und geben, keine Maske zeigen und dennoch loyal sein, Humor und Ernsthaftigkeit, und das alles, ohne aufdringlich zu erscheinen – was für ein Wesen. Mit Seltenheitszertifikat.

In einem meiner ersten Seminare probte ich eine spielerische Aufgabe. Ich sammelte die Ausweise und Busfahrkarten einer Klasse und beauftragte zwei Freiwillige drei Stapel zu bilden. Stapel A (Bild sympathisch), Stapel B (geht so), Stapel C (Terrorist). Ich warnte sie vorab, dass sie danach weniger Freunde haben würden. Zwei Schüler waren dennoch dazu bereit. Natürlich, wie soll es auch anders sein, waren die sympathischsten Bilder jene mit einem Lächeln in den Mundwinkeln und in den Augen.

In dem Zusammenhang eine Frage:
„Warum verdiente Claudia Schiffer Millionen?"

Wir haben laut Forschung 96 Muskeln im Gesicht. 16 Muskeln bilden den Mund. Unsere Claudia beherrscht insbesondere diese 16 Muskeln. Machen Sie das Experiment. Schießen Sie 100 Fotos von sich. Im Zeitalter der Digitalkamera kein Problem. Wie viele Fotos sortieren wohl Ihre Freunde heraus, auf denen Sie sympathisch erscheinen?

Jetzt ein kleiner Exkurs zum Thema Sympathie in der Bewerbung.

Die Ursprungsidee zu meiner Selbständigkeit formte sich an einem verregneten Tag in meinem Mansarden-Büro in Hannover. Ich hatte damals die ehrenvolle Aufgabe, Bewerber für das Trainee-Programm der Volksbanken auszuwählen. Somit verfügte ich über ein paar tausend Bewerbungsschreiben. Aus Unlust oder Langeweile – mein Chef möge mir das nachträglich verzeihen – filterte ich in der regulären Arbeitszeit hunderte Sätze heraus und bildete drei Kategorien:

1. Stumpfsinnig 2. Arrogant 3. Peinlich.

Hier ein paar Beispiele:

Stumpfsinnig (langweilig, überflüssig)

„... wurde mein Interesse geweckt."

„... lassen sich meine Vorstellungen ideal verwirklichen."

„Sie bieten ..."

„Sie suchen einen ..."

„Mit Interesse habe ich Ihre Stellenanzeige im ... gelesen."

„Mein Alter beträgt ..."

„Mein Name ist ..."

„Damit Sie sich einen ersten Eindruck von mir machen können, habe ich meine letzten Zeugnisse beigefügt."

„Bitte prüfen Sie die beiliegenden Unterlagen."

Bla,bla,bla ...

Jeder Satz für sich genommen ist in einem ordentlichen Deutsch verfasst. Viele Leute sind stolz darauf, sie fehlerfrei aus diversen Ratgebern abzuschreiben. Auf die Frage an unsere Seminarteilnehmer in den JUMP!-Trainings, wie viele Bewerbungsschreiben ich wohl lesen muss, um diese Sätze auswendig zu können, erhalte ich meist die schnelle Antwort: Zehn!

Arrogant (überheblich)

„Ich besitze die große Gabe, sehr gut mit Menschen umgehen zu können."

„Es würde mir gegebenenfalls keine Probleme bereiten, relativ kurzfristig einen von Ihnen vorgeschlagenen Gesprächstermin wahrzunehmen."

„In Ihrem Unternehmen würde mein Wissen zu Ihrem Nutzen angewandt eine Bereicherung und tatkräftige Unterstützung Ihres Teams darstellen."

„Ausschlaggebend für meinen Erfolg waren neben besonders ausgeprägter Fähigkeit zum analytischen Denken und strukturierten Handeln ein selbständiger, ideenreicher Arbeitsstil, kombiniert mit einer sehr schnellen Auffassungsgabe."

Die Kunst, aus allen Eigenschaften der Personalanzeige einen ganzen Satz zu bilden, hat etwas Großes. Selbst Schüler der achten Klassen erkennen sofort, dass der Sympathiefaktor hier etwas zu kurz kommt.

Peinlich

„Ich bewerbe bei Ihnen ..."

„Trotz aller Anstrengungen war es mir nicht möglich, ein gutes Ergebnis in diesem Bereich zu erlangen."

„Geboren als 1. Kind des Dipl.-Ing. Herrn ... und seiner Ehefrau Frau ..."

„Mir fehlen allerdings eine Banklehre, ein Studienschwerpunkt Bankbetriebslehre und eine kurze Studiendauer. Genau genommen fehlt mir alles."

Das letzte Beispiel hatte sogar etwas Kreatives. Wir haben den Bewerber eingeladen. Aber leider fehlte ihm noch mehr.

Ich komme also zu einem sehr dramatischen Schluss: 98% aller Bewerbungen in Deutschland, von Schülern, Studenten, Rausgemobbten und Berufswechslern sind stumpfsinnig, peinlich und arrogant. Das musste ich unbedingt den Menschen sagen. So entstand die UP Consulting GmbH.

Warum nicht ein wenig sympathischer?

Hier beispielsweise eine Aussage zu einer Praktikantin in einem Praktikantenzeugnis einer Hebammenpraxis:

„Obwohl sie die anstrengende und schlecht bezahlte Arbeitssituation von Hebammen erlebt und verstanden hat, hängt ganz offensichtlich ihr Herz an diesem Berufswunsch."

Oder der Satz zu einem Kfz-Praktikanten in einer dörflichen Werkstatt:

„Wenn er sich in der Schule zusammenreißt, vertraue ich ihm meine Maschinen an."

Oder die letzte Zeile eines Anschreibens:

„Ich würde mich riesig freuen, wenn Sie mich zu einem Vorstellungsgespräch einladen würden."

Ich mag das Wort „riesig". Manche empfinden es aber als zu aufgesetzt, devot, nicht glaubwürdig oder unpassend. Personaler, die das Wort nicht mögen bzw. die Art der Bewerbung, passen auch in vielen Fällen nicht zu diesem Bewerber. „Ich suche mir meinen Chef und meine Freunde aus. Diese Form der Arroganz sei erlaubt.", so ein Teilnehmer in einem unserer Seminare.

Das Wort „riesig" muss aber zu dem Menschen passen, zum Foto, zum Werdegang, zum Beruf und zu der Person, die da zur Tür reinkommt!

Worte haben eine große Kraft. Und wenn sie mir selbst eingefallen sind und nicht einem Personalberater, dann bringen sie mich auch persönlich weiter.

Wenn ich mit Stolz meine Bewerbungsmappe – vielleicht sogar persönlich – abgebe, bin ich einen großen Schritt im Leben vorangekommen. Diese Energie wünsche ich allen Bewerbern.

Seien Sie aber bitte ehrlich und geben Sie Ihre Faulheit – wenn Sie das Projekt mal wieder verschoben haben – nicht für Müdigkeit aus.

Somit gibt es laut Robert Louis Balfour Stevensen nur zwei Klassen von Menschen:

»Die Löwen und die Lämmer.«

Löwen sind am Ellenbogen selten.

In welcher Rolle befinden Sie sich? Gefällt Sie Ihnen oder möchten Sie etwas ändern?

Verlieren Sie dabei aber nicht Ihre Sympathien. Denn denken Sie daran:

»Den Charakter eines Menschen erkennt man oft erst dann, wenn er Vorgesetzter geworden ist.«

TIPP: SEI ECHT!

- ☐ Lohnt sich, darüber nachzudenken.

- ☐ Mein Lieblingszitat:

- ☐ Mein Impuls/Kommentar:

Sympathie • Größe • Ehrlichkeit • Individualität
Charakter • Charme • Kritik • Maske

»Es steht schlecht um einen Menschen, an dem man nicht einen einzigen sympathischen Fehler entdecken kann.«

Benjamin Disraeli

»Wer sich zu wichtig für kleinere Arbeiten hält, ist meistens zu klein für wichtige Aufgaben.«

Jacques Tati

»Merkmal großer Menschen ist, dass sie an andere weit geringere Anforderungen stellen als an sich selbst.«

Marie von Ebner-Eschenbach

»Größe heißt, Talent haben und bescheiden darüber sein.«

James Agate

»Es gibt zwei Klassen von Menschen – die Löwen und die Lämmer.«

Robert Louis Balfour Stevensen

»Ehrlich ist, wer seine Faulheit nicht für Müdigkeit ausgibt.«

Lothar Schmidt

»Die Individualität ist die eigentliche Quelle allen Fortschritts.«

Mahatma Gandhi

»Am besten aber wirst du den Charakter eines Menschen kennen lernen, wenn du beobachtest, wie er jemanden lobt und wie er sich verhält, wenn er selbst gelobt wird.«

Seneca

»Den Charakter eines Menschen erkennt man erst dann, wenn er Vorgesetzter geworden ist.«

Erich Maria Remarque

»Willst du den Charakter eines Menschen erkennen, so gib ihm Macht.«

Abraham Lincoln

»Man erreicht nichts mit seiner Intelligenz, wenig mit seinem Geist, alles mit seinem Charakter.«

Nicolas Chamfort

»Der Charakter zeigt sich im Verhalten eines Menschen jenen gegenüber, die ihm nichts nützen.«

Lothar Schmidt

»Charme ist die Art, wie ein Mensch ‚ja' sagt, ohne dass ihm eine direkte Frage gestellt worden ist.«

Albert Camus

»Wer keine Kritik erträgt, hat sie bitter nötig.«

Lothar Schmidt

»Jeder Mensch ist ein Mond und hat eine dunkle Seite, die er niemanden zeigt.«

Mark Twain

III. Vergessen können – mehr ein Glück als eine Kunst

Wie vieles gibt es doch, was ich nicht nötig habe. Kennen Sie diese schönen Momente, in denen einem der Wert des Lebens bewusst wird? Diese kurze Phase der Ruhe und der Gelassenheit. Der unangenehme Termin morgen oder die falschen Tapeten an den Wänden erscheinen uns dann nebensächlich. Wir sind einfach nur gelassen und lächeln über unsere Aufregung von gestern.

»*Die Ruhe der Seele ist ein herrliches Ding.*«

Goethe

Diese Gelassenheit oder auch Rückbesinnung auf die eigentlichen Werte im Leben sind die wichtigsten Ruhepole für unsere Seele. Leider sind sie bei den meisten – meine Person eingeschlossen – eher selten.

Kennen Sie die vielsagende Geschichte von dem Fischer, der gelassen und faul am Strand liegt und jeden Tag nur einen Fisch fängt? Sein Leben ist herrlich. Nach dem Besuch eines Managementkurses baut er mit dem erworbenen Wissen eine große Fischflotte auf. Der Arbeitstag hat 18 Stunden. Am Ende seines Lebens gönnt er sich einen faulen Tag am Strand und fängt sogar noch einen Fisch. Was mag er da wohl gedacht haben ...?

Je länger ich Trainer bin und über mein eigenes Leben nachdenke, desto sicherer bin ich mir: Viel Ärger und Unruhe beruhen auf der falschen Annahme, wir müssten vollkommen sein, um anerkannt und geliebt zu werden.

Aber Mensch zu sein bedeutet automatisch Unvollkommenheit. Der Psychiater David Burns berichtet von einem prominenten Rechtanwalt, der niemals Fehler machen und keinen Prozess verlieren wollte. Immer aus Angst, seine Kollegen würden ihn nicht mehr achten. Als er es ihnen erzählte, stellte er zu seiner Überraschung fest, dass er durch Fehler, die ihm unterliefen, in ihrer Achtung stieg. Dadurch wurde er in ihren Augen menschlicher.

»Das Leben ist keine Falle, die zuschnappt, wenn etwas nicht gelingt.«
Rabbi Harold S. Kuschner

Vor langer Zeit las ich ein nachdenkenswertes Märchen für Erwachsene. Es erzählt von einem Kreis, dem ein Stück fehlte. Ein großer dreieckiger Keil war herausgeschnitten. Der Kreis wollte wieder ganz sein, und so machte er sich auf die Suche nach dem fehlenden Stück. Da er nicht vollständig war und nur langsam vorankam, hatte er Zeit, die Blumen am Wegrand zu bewundern. Er unterhielt sich mit den Würmern und genoss den Sonnenschein. Er fand viele Dinge, aber nichts für die Lücke in seinem Rund.

Eines Tages stieß der Kreis tatsächlich auf ein Stück, das genau passte. Er war überglücklich. Er setzte das Stück ein und fing an zu rollen. Jetzt bewegte er sich sehr schnell, zu schnell, um die Blumen wahrzunehmen und mit den Würmern zu reden. Als ihm bewusst wurde, wie anders die Welt bei dieser Geschwindigkeit aussah, ließ er das gefundene Stück am Wegrand liegen und rollte langsam weiter.

Wahrscheinlich sind wir vollständiger, wenn uns etwas fehlt. Der Mensch, der alles hat, ist in gewisser Hinsicht arm.

Wer eine Tragödie übersteht, wer jemanden verliert, ohne sich verstümmelt zu fühlen, hat etwas Vollständiges an sich. Er ist durch die Tiefen gegangen und heil geblieben.

Ob nun fremdbestimmte Momente oder eigene Fehler: Das Leben ist kein Rechtschreibwettbewerb, bei dem man wegen eines Fehlers disqualifiziert wird, auch wenn man noch so viele Wörter richtig geschrieben hat.

Das Leben gleicht eher einer Fußballsaison, in der auch die beste Mannschaft ein Drittel der Spiele verliert und selbst die schlechteste Mannschaft ihre Sternstunden hat. Unser Ziel ist es, uns über möglichst viele Sternstunden zu freuen.

Wo sind Ihre Fehler und Tiefpunkte? Sind sie wirklich so wichtig? Wie denken Sie in 10 Jahren wohl darüber? Ist das alles die ganze Aufregung wert?

Wenn Sie die Ruhe und Gelassenheit nicht in sich selbst finden, macht es keinen Sinn, sie anderswo zu suchen. Die Kraft muss von Ihnen kommen.

Andere können Sie höchstens unterstützen oder Ihnen die Gelassenheit vorleben.

Mein Freund Bernd ist für mich das Sinnbild der Gelassenheit. Er hat nicht nur die Statur eines Bären, er ist ein Bär: Ruhig, besonnen, gelassen und auch mal brummig. Er war schon immer so. Welch ein Geschenk.

Dieses Bild gibt mir Gelassenheit.

Oftmals möchten wir gewisse Dinge vergessen, die uns die Gelassenheit nehmen. Schon der Gedanke an sie raubt uns die innere Ruhe. Die Schulden auf dem Konto, der Termin beim Chef, die nächste Klausur oder der Vortrag am Montag.

Glaubt man Bathasar Gracian Y Morales, so ist Vergessen können mehr ein Glück als eine Kunst. Können Sie Unnützes vergessen oder verdrängen, können die Prioritäten des Lebens dauerhaft im Kopf neu geordnet werden? Kann man das lernen?

Ich gebe zu, ich weiß es nicht – Größenwahn; ich habe dich vermisst. Theodor Heuss warnt allerdings: »*Vergessen ist Gnade und Gefahr zugleich.*« Ich für meinen Teil verdränge diese Warnung.

Jens, mein alter Studienfreund, hatte immer einen Lösungsweg zur Gelassenheit parat. „Sieh in den Himmel, Lars, und betrachte die Sterne. Wie wichtig bist du und deine Probleme – na also, komm, wir gehen flippern." Mittlerweile hat er Karriere gemacht und ich hoffe, die Erkenntnis von Georg Christoph Lichtenberg trifft nicht mittlerweile auf ihn zu:

»*Ruhe und Ruhm sind Dinge, die nicht zusammenwohnen.*«

Mein größtes Lebensziel ist das Erreichen jener Gelassenheit und Ruhe. Das hat gar nichts mit Müßiggang oder einer „Sch...egal-Stimmung" zu tun. Einfach nur locker bleiben. Manchmal schaffe ich es. Nicht immer, aber immer öfter.

Am Ende fällt mir auf, dass diesem Kapitel eine gewisse Humorlosigkeit anhaftet. Wahrscheinlich deshalb, weil Humor manchmal auch lästig sein kann.

Keiner vermag es abschließend besser auszudrücken als Friedrich Oetinger:

»*Gib mir Gelassenheit, Dinge hinzunehmen, die ich nicht ändern kann; gib mir den Mut, Dinge zu ändern, die ich zu ändern vermag, und gib mir die Weisheit, das eine vom anderen zu unterscheiden.*«

Das wünsche ich Ihnen, lieber Leser.

TIPP: GELASSEN SEIN, NICHT IMMER, ABER IMMER ÖFTER!

- ☐ Lohnt sich, darüber nachzudenken.

- ☐ Mein Lieblingszitat:

- ☐ Mein Impuls/Kommentar:

Vollkommenheit • Ruhe • Ruhestand • Leben • Überfluss Vergessen • Vergnügen • Verlieren • Gewinnen Perfektionismus • Nachmachen • Wert • Träume Wirklichkeit • Wünsche • Bedürfnisse • Gelassenheit

»*Wie vieles gibt es doch, was ich nicht nötig habe.*«

Sokrates

»*Für alles, was du verloren, hast du etwas gewonnen; und für alles, was du gewinnst, verlierst du etwas.*«

Ralph Waldo Emerson

»*Die Ruhe der Seele ist ein herrliches Ding.*«

Goethe

»*Wenn man die Ruhe nicht in sich selbst findet, ist es umsonst, sie anderswo zu suchen.*«

La Rochefoucauld

»*Ruhe und Ruhm sind Dinge, die nicht zusammenwohnen.*«

Georg Christoph Lichtenberg

»Ruhestand: Ich habe Zeit. Ich muss mich nicht beeilen. Erreichen will ich nicht mehr viel. Und hin und wieder schreib ich ein paar Zeilen.«

Robert Muthmann

»Stoßseufzer der Ehefrau: Ruhestand, das ist doppelt soviel Ehemann und halb soviel Geld!«

Unbekannt

»Das Leben ist keine Falle, die zuschnappt, wenn etwas nicht gelingt.«

Rabbi Harold S. Kuschner

»Jeder Überfluss hat die Armut als Nebenfluss.«

Hellmut Walters

»Vergessen können: es ist mehr ein Glück als eine Kunst.«

Bathasar Gracian Y Morales

»Vergessen ist Gnade und Gefahr zugleich.«

Theodor Heuss

»Man lernt nur dann und wann etwas, aber man vergisst den ganzen Tag.«

Arthur Schopenhauer

»Manches Vergnügen besteht darin,
das man mit Vergnügen darauf verzichtet.«

Peter Rosegger

»Das größte Vergnügen im Leben besteht darin, das zu tun, von dem die Leute sagen, du könntest es nicht.«

Walter Bagehot

»Schon mancher, der die Vollkommenheit suchte,
landete im Perfektionismus.«

Werner Mitsch

»Versuchen wir es denen nachzumachen, die sich nichts vormachen lassen.«

Rupert Schützbach

»Nichts ist höher zu schätzen als der Wert des Tages.«

Goethe

»Heute kennt man von allem den Preis, nicht den Wert.«

Oscar Wilde

»Die meisten Menschen verwandeln die Wirklichkeit durch Träume; dabei gilt es doch, Träume in Wirklichkeit zu verwandeln.«

Gerhard Uhlenbruck

»Wenn die Hälfte unserer Wünsche erfüllt wäre, würden unsere Sorgen verdoppelt sein.«

Benjamin Franklin

»Der Mensch hat viele Bedürfnisse. Doch er lebt von seinen Wünschen.«

Lothar Schmidt

»Gelassenheit ist die Krone des Alters.«

Fridel Marie Kuhlmann

»Gib mir Gelassenheit, Dinge hinzunehmen, die ich nicht ändern kann; gib mir den Mut, Dinge zu ändern, die ich zu ändern vermag, und gib mir die Weisheit, das eine vom anderen zu unterscheiden.«

Friedrich Oetinger

IV. Die beste Definition des Menschen: undankbarer Zweibeiner

Einen Sonnenaufgang am Meer? Ein Kinderlachen? Ein Kuschelabend vorm Kamin, ein langes gesundes Leben? Ein Sechser im Lotto? Der Porsche in der Garage? Das Paradies auf Erden? Was macht glücklich? Warum wollen wir alle so viel von diesem Gefühl – und warum suchen einige ein Leben lang vergeblich danach?

Adam und Eva lebten bekanntlich im Paradies. Sie hatten alles, was sie brauchten, nicht mehr und nicht weniger. Das ist ein Zustand, den der Mensch auf Dauer nicht aushält. Der Mensch will nicht genug, sondern mehr. In der Fülle hungert er nach Überfluss. So kam es zum Griff nach dem Apfel, jener höchst überflüssigen Frucht am Baum der Erkenntnis. Leider kein guter Griff. Adam und Eva wurden aus dem Paradies vertrieben. Das Tor schloss sich hinter ihnen. Ihre Nachkommen träumen bis zum heutigen Tage von der Rückkehr ins Paradies, in die Fülle, in den Überfluss.

George Bernhard Shaw umschrieb das Dilemma des Paradieses:

»Es gibt zwei Tragödien im Leben. Die eine besteht darin, nicht zu bekommen, was das Herz begehrt. Die andere ist die, es zu bekommen.«

Schon Aristoteles kam vor über 2000 Jahren zu dem wenig überraschenden Schluss, dass der Mensch vor allem glücklich sein will.

Und was schrieb der US-Psychologe – mit dem leicht zu merkenden Namen Mihaly Csikszentmihalyi – dazu 1961?

»Glück wird um seiner selbst willen angestrebt, während jedes andere Ziel – Gesundheit, Geld und Macht – nur geschätzt wird, weil man erwartet, dass es glücklich macht!«

Csikszentmihalyi suchte einen Begriff für den Zustand, in dem wir Glück verspüren. Er nannte ihn „FLOW“. Aber wann ist man im FLOW? In Interviews mit über tausend Menschen fand er fünf gemeinsame Faktoren, die alle Befragten beschrieben, wenn sie von „glücklich“ sprachen:

Glück, oder eben FLOW, stellt sich ein,

wenn man konzentriert einer Aktivität nachgeht,
die man selbst bestimmt,
die einen weder unterfordert (Boreout) noch überfordert (Burnout),
die ein klares Ziel hat und
auf die es ein unmittelbares Feedback gibt.

Csikszentmihalyi stellte fest, dass, wer „im FLOW“ ist, neben einer tiefen Befriedigung auch den Verlust des Zeitgefühls und der Selbstwahrnehmung verspürt – man geht in der Tätigkeit auf.

Musiker, Sportler, Schauspieler, Ärzte und Maler beschrieben das Glück als Folge von oft anstrengender Aktivität, ganz im Gegensatz zur weit verbreiteten Meinung, Glück habe etwas mit Entspannung zu tun.

Aristoteles schloss: »*Seine Trefflichkeit, welcher Art sie auch sei, ungehindert üben zu können, ist das eigentliche Glück.*« Oder auch anders ausgedrückt: »*Das Glück besteht nicht darin, dass du tun kannst, was du willst, sondern darin, dass du immer willst, was du tust.*«

Tolstoi

Vor wenigen Jahren wagte ich mein erstes Seminar zum Thema „Glück“. Fünfzehn Handwerkerfrauen durfte ich begrüßen. Die Ehemänner nutzten die Gunst der Stunde für ein Segelwochenende auf dem Eisselmeer. Ich eröffnete das Seminar mit dem Sprichwort:

»*Zufriedenheit wohnt in mehr Hütten als in Palästen.*«

Einige Damen hatten Probleme mit der Bezeichnung „Hütte“ für ihr Haus. Ich rechnete mit einem sehr anstrengenden Seminar. Wie so oft, irrte ich mich. Selten hatte ich einen angenehmeren Tag.

Mit einem visuellen Reiz sensibilisierte ich die Teilnehmerinnen für das

Thema. Meine Frau malte mir dazu vorab „2 Töpfe über einem Holzfeuer". Ich bin dazu nicht im Stande, es sei denn zur Belustigung der Teilnehmer.

Der rote Topf stand symbolisch für die Schwierigkeiten im Leben, der grüne Topf für die zufriedenen Momente. Fleißig sammelten wir rote und grüne Karten. Das Phänomen an solchen gruppendynamischen Übungen ist – vorausgesetzt, sie werden nicht zu theatralisch inszeniert und damit ins Lächerliche gezogen – dass man sich schwer ausgrenzen kann und zudem sieht, wie andere „ticken".

Sie können sich vielleicht denken, welche Suppe da brodelte. Wie schön war der Urlaub, der letzte wichtige Auftrag, die Kinderparty, die Ruhe am Abend, das saubere Haus. Schlimm die dreckigen Schuhe, meist in die gleiche Ecke gepfeffert, die Frühstückszeitung des Ehemannes, die finanziellen Ängste, die Buchhaltung und der immer gleiche Trott.

Büro, Kochen, Fitnessabend. Hinter soviel Alltäglichkeit kann ja wohl kein Glückspotential stecken. Doch! So war unsere Erkenntnis.

Als erfahrener Trainer – niemand wusste von der Premiere dieser Seminarform – nutzte ich das Wissen des begehrten Motivationsforschers und Psychologieprofessors Steven Reiss. Er hat in einer langen Studie 16 Lebensmotive gefunden, die jeden von uns antreiben.

Das sind im Einzelnen: Macht, Unabhängigkeit, Neugier, Anerkennung, Ordnung, Sparen, Ehre, Idealismus, Beziehungen, Familie, Status, Rache, Romantik, Ernährung, körperliche Aktivität und Ruhe.

Diese Wünsche, Ziele und Werte – Reiss spricht von Motivatoren – bestimmen unser Leben. Denn sie sind es, die ihm Sinn und Bedeutung geben. Und das lebenslang. Das Verblüffende daran: Die Motive verändern sich mit der Zeit nicht mehr wesentlich. Sie sind ausgesprochen stabil – und dabei so einzigartig wie ein Fingerabdruck.

Viele träumen lange vom Urlaub, aber wenige Urlaube halten diesen Träumen stand. Wir grübeln, konsumieren unsere – wie ich finde – schlimme Fernsehkultur, klagen über Sonntagsneurosen und versuchen mit „passiver Beschäftigung" Glück zu erlangen.

Übrigens: Wer viel fernsieht, ist weniger glücklich. Bei Krimis, Talkshows und Nachrichten verbraucht der Körper das Wohlfühl-Hormon Endorphin. Nach drei Stunden ist der Speicher leer.

Am Ende des Seminars waren wir sicher: Nicht der Urlaub oder das Sitzen vorm Fernseher sind ein Glücksgarant. Es sind die Aufgaben, denen wir uns stellen und die wir bewältigen. Jeder muss sein unverwechselbares Motivprofil erkennen und auch leben. Wer sich auf klare Ziele konzentriert, bringt automatisch Ordnung ins innere Chaos, vermindert die Gefahr, in Gedanken unlösbare Probleme zu wälzen und sorgt für „Seelenwachstum“ – auch diesen Begriff habe ich natürlich geklaut.

»Glück ist, zu erkennen, was wir wirklich wollen.«

Steven Reiss

Glück ist immer selbst gemacht. Es hat wenig mit dem Lottogewinn oder dem neuen Haus zu tun. Aufgrund äußerer Umstände „müssen“ Sie zwar gewisse Dinge tun. Aber fast zwei Drittel des Tages können Sie frei entscheiden.

Wie die Waage ausschlägt, steuern Sie!

Meine Lottofreunde.

Mein lieber und besonderer Freund Werner – der mit dem Lottoschein – ist letztes Jahr gestorben. Vorher durften wir noch gemeinsam unsere „5 Richtigen" feiern. Ich habe lange überlegt, ob ich Ihnen das erzähle.

Aber irgendwie spiegelt diese traurige Erinnerung für mich die Absurdität des Lebens wider. Was ist schon Geld.

Du fehlst mir, Werner.

Hochinteressant in diesem Zusammenhang ist, dass sich die meisten Menschen selbst dann nicht freuen können, wenn sie mal so richtig Dusel haben. Gute Beispiele sind die jahrelang erhoffte Schwangerschaft, der Karrieresprung – statt zu jubeln über endlich vergangene Sorgen, gelöste Probleme, befriedigte Bedürfnisse, geraten viele Menschen in einen Zustand, den Psychologen Erfolgsdepression nennen. Plötzliches Glück, unerwarteter Erfolg wirken sich wie ein emotionales Erdbeben aus, bestätigt der Psychologe Markus Schlink.

»Somit hängt das Glück im Leben (letztlich) von den guten Gedanken ab, die man hat.«

Marc Aurel

»Gut drauf sein kostet Mühe. Aber nur ein bisschen.« so Antoinette Schmelter de Escobar. Ich selber pflege meine Glücksgefühle beim Rasenmähen, beim Joggen oder in einem Vortrag. Meine Gedanken sind in diesen Momenten fast immer positiv. Ganz zu schweigen von der Produktion von Endorphin – dem Promi unter den Glückshormonen.

Auch wenn „mein Rasenmähen" – meine Frau lächelt dann immer, hat mich aber mittlerweile verstanden – nicht allein zu tiefem, dauerhaftem Glück führt: es ist immerhin ein Anfang.

Zum Abschluss dieses Kapitels noch ein unvergessliches Erlebnis: Meine erste Rede auf unserer Tennisanlage. Zur Einweihung des Clubhauses wollte ich mit den Worten von Theodor Fontane glänzen:

»Gott, was ist Glück: eine Grießsuppe, eine Schlafstelle,
keine körperlichen Schmerzen – das ist schon viel.«

Betretene Gesichter. Was soll das denn?

Damals, mit 30 Jahren zum Vorsitzenden gewählt, weil kein anderer so verrückt war, ein Clubhaus ohne Baugenehmigung zu bauen, wollte ich rhetorisches Neuland in unserem Dorf betreten. Ich nutze hier die Chance noch einmal zu erklären, was ich damit ausdrücken wollte. Vielleicht liest ja ein Tennisfreund diese Zeilen.

Wir haben alles. Sie und ich gehören zu den 0,1 Promille dieser Welt, denen es gut geht. Wir haben ein Dach über dem Kopf, Nahrung und auch die vielen Dinge, die man eigentlich nicht braucht. Jetzt kommt noch ein schönes Clubhaus dazu.

Aber empfinden wir das auch so? Meistens doch nicht. Und wenn ja, so ist dieser Moment der Dankbarkeit nur sehr kurz.

Dostojewski meint:

»Ich glaube, die beste Definition des Menschen lautet: undankbarer Zweibeiner.«

Erkennen Sie Ihr Glück, machen Sie sich auf die Suche. Welche Motivatoren begleiten Sie? Sind Sie ein Ordnungstyp, Workaholic, ein Familienmensch? Ich möchte nicht, dass die Mahnung von Marcel Achard irgendwann auf Sie zutrifft:

»Glück ist etwas, das man zum ersten Mal wahrnimmt, wenn es sich mit großem Getöse verabschiedet.«

TIPP: GLÜCK MUSST DU KÖNNEN!

- [ ] Lohnt sich, darüber nachzudenken.

- [ ] Mein Lieblingszitat:

- [ ] Mein Impuls/Kommentar:

Zufriedenheit • Glück • Unglück • Erinnerung • Mühe Undankbarkeit • Unzufriedenheit • Urlaub • Verlust Überflüssiges

»Zufriedenheit ist der Stein der Weisen: Zufriedenheit wandelt in Gold, was immer sie berührt.«

Benjamin Franklin

»Zufriedenheit ist Glück.«

Thomas Fuller

»Wenn ein paar Menschen recht miteinander zufrieden sind, kann man meistens versichert sein, dass sie sich irren.«

Goethe

»Das Haupthindernis ist, dass wir zu schnell mit uns zufrieden sind.«

Seneca

»Zufriedenheit wohnt in mehr Hütten als in Palästen.«

Sprichwort

»Zufriedenheit ist die Verwandlung von Resignation in Glück.«

Norbert Stoffel

»Im Reiche der Wirklichkeit ist man nie so glücklich wie im Reiche der Gedanken.«

Arthur Schopenhauer

»Glück wird um seiner selbst willen angestrebt, während jedes andere Ziel – Gesundheit, Geld und Macht – nur geschätzt wird, weil man erwartet, dass es glücklich macht!«

Mihaly Csikszentmihalyi

»Der ist beglückt, der sein darf, was er ist.«

Friedrich von Hagedorn

»Das Glück im Leben hängt von den guten Gedanken ab, die man hat.«

Marc Aurel

»Seine Trefflichkeit, welcher Art sie auch sei, ungehindert üben zu können, ist das eigentliche Glück.«

Aristoteles

»Gott, was ist Glück: eine Grießsuppe, eine Schlafstelle, keine körperlichen Schmerzen – das ist schon viel.«

Theodor Fontane

»Glück ist die Erfüllung von Kinderwünschen.«

Sigmund Freud

»Glück ist, wenn Gelegenheit auf Bereitschaft trifft.«

Lothar Schmidt

»Das Glück besteht nicht darin, dass du tun kannst, was du willst, sondern darin, dass du immer willst, was du tust.«

Tolstoi

»Durch die Individualität des Menschen ist das Maß seines möglichen Glückes zum Voraus bestimmt.«

Arthur Schopenhauer

»Glück ist etwas, das man zum ersten Mal wahrnimmt, wenn es sich mit großem Getöse verabschiedet.«

Marcel Achard

»Man ist eigentlich nur durch Nachdenken unglücklich.«

Joseph Joubert

»Wir hoffen das Beste, befürchten das Schlimmste und nehmen alles, wie es kommt: mit einem gequälten Lächeln.«

Lothar Schmidt

»Erinnerungen sind ein freundlicher Rahmen, der jedes Bild freundlicher macht.«

Carl Zuckmayer

»Gut drauf sein kostet Mühe. Aber nur ein bisschen.«

Antoinette Schmelter de Escobar

»Ich glaube, die beste Definition des Menschen lautet: undankbarer Zweibeiner.«

Dostojewski

»Der unzufriedene Mensch findet keinen bequemen Stuhl.«

Benjamin Franklin

»Es gibt zwei Tragödien im Leben. Die eine besteht darin, nicht zu bekommen, was das Herz begehrt. Die andere ist die, es zu bekommen.«

George Bernard Shaw

»Wir träumen lange vom Urlaub, aber kein Urlaub hält diesen Träumen stand.«

Ernst R. Hauschka

»Meistens belehrt uns erst der Verlust über den Wert der Dinge.«

Arthur Schopenhauer

»Was du am meisten liebst, erkennst du beim Verlust.«

Polnisches Sprichwort

»Alles, was uns wirklich nützt, ist für wenig Geld zu haben. Nur das Überflüssige kostet viel.«

Axel Munthe

V. Langweiliger Mensch – Frage ihn nach seinem Befinden und er erklärt es dir

Ich bin Kommunikationstrainer und laufe in diesem Kapitel Gefahr, Voltaire zu entsprechen:

»*Das Geheimnis zu langweilen besteht darin, alles zu sagen.*«

Ich möchte Sie nicht langweilen, möchte Ihnen aber so gerne alles erzählen.

Die Sprache ist das mächtigste Werkzeug in unserem Leben. Sie wurde dem Menschen gegeben, um Gedanken auszudrücken, vorzutäuschen oder auch zu verbergen. Samuel Johnson findet die eloquente Umschreibung:

»*Die Sprache ist die Kleidung der Gedanken.*«

Viele Kleidungsstücke durfte ich auf meinen Seminaren erleben und auch tragen. Am stärksten jedoch wirken noch die Teamleitersitzungen mit meinem damaligen Chef nach. Wir waren fünf hoch motivierte Teamleiter. Alle zwei Monate trafen wir uns zur Teamleitersitzung in seiner Wohnstube. Es gab selbstgebackenen Kuchen, sehr trocken, aber aus Höflichkeit nahm jeder sich ein zweites Stück. Am Ende des Tages stand, wie sollte es auch anders sein, genau das am Flipchart, was unser Chef wollte. In meiner letzten Arbeitswoche beim Verband stellte ich ihm dann die magische Frage: „Wie machst du das, dass wir immer genau das tun, was du willst? Du kannst es mir jetzt sagen, ich gehe ja."

Nach kurzem Stirnrunzeln seine einfache Erklärung: „Ich habe die besseren Beispiele, ihr habt nur Plattitüden." Das war harter Tobak für einen Kommunikationstrainer. Doch er hatte Recht. Nach diesem Tag achtete ich auf Menschen mit „besseren Beispielen". Das Zitat von Albert Schweitzer nahm für mich Konturen an:

»*Ein gutes Beispiel ist nicht eine Möglichkeit, andere zu beeinflussen, es ist die einzige.*«

Um diese Botschaft auch weiterzutragen, versuchte ich mich in den JUMP!-Bewerbungstrainings. Schmerzhaft und zugleich herrlich in der Erinnerung ist jener Montag an der Hauptschule in (... lasse ich lieber weg). Der Lehrer begleitete mich nur zur Klassentür, was meistens nichts Gutes bedeutete. Der Raum roch leicht nach Alkohol und die Schüler saßen in dieser typischen Körperhaltung „Ich habe keinen Bock, aber du kannst ja versuchen, mich glücklich zu machen".

In der Vorstellrunde – die Körpersprache sagte mir immer noch nichts Gutes – kam ich zu Mark. „Was willst du werden?" – „Tischler" – „Und, hast du schon mal ein Praktikum gemacht?" – „Nein" – „Noch gar nichts?" – „Neeeeeeeiiiinnnnnn!"

Hier unterscheidet sich jetzt der gute vom schlechten Trainer. Der schlechte Coach tut sich das nicht weiter an und nimmt den nächsten Schüler dran. Ich gab nicht auf, was mich hiermit zum guten Trainer erhebt, und fragte noch mal: „Irgendwas mit Holz vielleicht?"

Mark kam mir leicht mit dem Kopf entgegen, er bewegte sich – eine pädagogische Höchstleistung meinerseits – und dachte nach. Er dachte lange nach. Endlich sagte er, nach vorne gebeugt, die Ellenbogen auf den Knien, seinen Kopf in die Hände gestützt: „Im letzten Jahr habe ich mit meinen Vater eine Garage gebaut, die steht sogar noch!"

Danach übte ich mit Mark das „bessere Beispiel". Den Garagenbau mit seinem Vater. Wie erhält man einen rechten Winkel, und wie wird eine Dachneigung berechnet? Er sollte mir 5 Holzsorten nennen, die man bei einem Carport verwenden kann. Und wissen Sie, was das Verrückte an diesem Leben ist?

Wenn Mark es schafft, mir mit dem Glänzen in den Augen, nicht gerade am Montagmorgen, in 30 bis 40 Sekunden zu erzählen, wie er diese Garage gebaut hat, dann bekommt er den Job. Wie viele Schüler kriegen das hin?

Ich durfte das im Laufe der letzten 17 Jahre mit tausenden Schülern und Studenten erleben. Fast alle, bitte glauben Sie mir, plätschern an der berühmten Oberfläche herum.

Und nun folgt eine Liste der am meisten verwendeten Soft Skills in Anzeigen und damit auch Bewerbungen und Gesprächen (für diese Untersuchung nahm ich mir vor einigen Jahren die Zeit):

Teamfähigkeit • Analytisches Denkvermögen • Kreativität • Entscheidungsfreude • Verantwortungsgefühl • Führungseigenschaft • Kontaktfreude • Organisationstalent • eigenverantwortliches und selbständiges Arbeiten • schnelle Auffassungsgabe • hohe Flexibilität • Freude am Umgang mit Menschen • Übernahme unternehmerischer Verantwortung • hohe Leistungsbereitschaft • Durchsetzungsvermögen • Engagement • Verantwortungsbewusstsein.

Lernen wir einen Menschen kennen, wenn er sagt: Ich bin teamfähig, entscheidungsfreudig und kann eigenverantwortlich und selbständig arbeiten? – Wie viele behaupten das von sich? Kein Kommentar.

Aber auf diesem trivialen Niveau bewegen sich die meisten Gespräche. Bei Schülern und Studenten. In Assessment-Center-Trainings trainieren wir zum Beispiel mit Studenten das „Überleben" einer Gruppendiskussion. Glauben Sie nicht – und ich habe die Teilnehmer immer vorab aufgeklärt – dass ich danach bessere Beispiele höre. Interessant war das Ergebnis bei einem Seminar mit Bundeswehroffizieren. Nach 30 Minuten aufregender Diskussion die Frage: „An was erinnern Sie sich noch, meine Herren?" Die Antwort: „Claudia Schiffer". 30 Minuten im Gespräch – und nur ein Beispiel mit Claudia Schiffer blieb im Gedächtnis.

Gute Antworten und Geschichten fallen nicht vom Himmel. Wir sind nicht Harald Schmidt. Jedes Beispiel will geübt oder auch wieder verworfen werden. Ein gutes Beispiel enthält Emotionen, Namen, Niederlagen, erlaubt mir einen Moment am Leben des anderen teilzuhaben, ist ein Erlebnis.

Unser Matheprofessor war so ein Erlebnis und ohne Frage verhaltensgestört. Zu Beginn der Vorlesung schrieb er eine lateinische Weisheit an die Tafel, übersetzte sie im Laufe der Stunde ins Deutsche und übertrug sie auf eine mathematische Formel – genial. Einem Studenten aus der vorderen Reihe hängte er dann meist sein Mikrophon um den Hals und fragte: „Spüren Sie diese Formel?" In den weiteren Vorlesungen lichteten sich die ersten Reihen. Weiter hinten saß man sicherer.

Sie müssen jetzt nicht zum Preis einer guten Kommunikation verhaltensgestört werden, aber Sie müssen „brennen". Überlegen Sie sich bitte Ihre Geschichten. Denn man überzeugt im Allgemeinen besser durch Gründe, die man selbst gefunden hat, als durch die, die anderen eingefallen sind (Blaise Pacal).

Sachlich müssen Ihre Geschichten natürlich stimmen. Aber bedenken Sie: Gesprächserfolge sind fast immer auf der Emotionsebene zu verbuchen. Auf der Sachebene sind Siege eher selten.

Die schönsten Reden „liest" immer noch Dieter, unser Präsident der „Mondays". Hier auf meinem fünfzigsten Geburtstag – natürlich am Ellenbogen. Schlechte Bildqualität, gute Freunde.

Spannend ist die immer wiederkehrende Frage: „Ist Schlagfertigkeit erlernbar?"

Ich glaube nicht. Schlagfertigkeitsseminare halte ich für Mogelpackungen. Eine schöne Geschichte dazu. Erlebt von einem bestimmt schlagfertigen und sehr kommunikativen Menschen: Winston Churchill.

Churchill wurde bei einer Debatte im Unterhaus von einer Dame angeschnauzt: „Herr Churchill, wenn Sie mein Mann wären, würde ich Ihnen Gift in den Tee geben." Churchill, nicht der Größte, beugte sich über die Balustrade und erwiderte:" Wenn ich Ihr Mann wäre, würde ich den Tee auch trinken".

Ich bin mir sicher, die Dame hat die nächsten 5 Minuten nichts mehr gesagt. Aber wann fallen uns diese Sprüche ein? Eine Stunde später, wenn wir auf der A2 links abbiegen!

Schlagfertig nannte Mark Twain eine Antwort, auf die man erst 24 Stunden später kommt. Diese 24 Stunden Bedenkzeit auf den Bruchteil einer Sekunde zu verkürzen, ist die wahre Kunst der Schlagfertigkeit.

Noch schöner die Umschreibung von Elbert Hubbard:

»Schlagfertig ist jede Antwort, die so klug ist, dass der Zuhörer wünscht, er hätte sie gegeben.«

Kenne ich aber die Fragen, die Themen und die Personen, fühle ich mich sicherer. Dann erlaubt mir das Gespräch die Illusion, ein schlagfertiger Mensch zu sein.

Techniken in der Kommunikation gibt es unendlich viele. Die „Ja-und-Technik", die „Rollentechnik", die „Korkenziehertechnik", die „Plus-Minus-Technik", die „Humantechnik" usw.

Techniken helfen. Verändern aber nicht den Menschen. Das Dilemma wird sichtbar, wenn zwei Verkäufer sich begegnen, die getrennt voneinander in einem Verkaufstraining die Weisheit erfahren durften: „Ein guter Verkäufer lässt reden!"

Wer redet dann noch von den beiden?

Aber was ist nun die wichtigste Gesprächstechnik? – Den Größenwahn pflegend hier meine Antwort:

Die „Vorwegnahmetechnik“.

Dazu ein besseres Beispiel:

Ort: Universität Hamburg, Hörsaal, 400 Studenten. Ich betrete den Raum, Professor X blickt vom Overheadprojektor auf und fragt: „Wer sind Sie denn?“. Mein Selbstwertgefühl, eben noch stark ausgeprägt, zerbröselt augenblicklich. „Mein Name ist Lars Grewe, ich darf heute hier einen Vortrag halten“. „Aha, ich bin noch nicht so weit, setzen Sie sich solange hier vorne hin.“ Das Gefühl vom ohnmächtigen Studenten kehrt wieder zurück. Dann der vernichtende Satz: „Wie lange brauchen Sie?“ – „Ich weiß nicht, so 30 Minuten“. „Das ist zu lange, fassen Sie sich kurz.“

Ich stehe am Pult, rede zum ersten Mal mit Hilfe eines Mikrofons. Komisches Gefühl, seine Stimme über Lautsprecher zu hören. Ich schwitze, werde rot, weiß nicht, wo ich meine Hände lassen soll. Die ersten Studenten fangen an zu murmeln. Das Gemurmel wird lauter. Ich will nach Hause. Noch 15 Minuten. Ein Student aus der zweiten Reihe schlägt eine Zeitung auf. Mit jedem Atemzug spüre ich, dass ich ein Idiot bin.

Ich nehme allen Mut zusammen und entferne mich vom Pult. Jetzt direkt vor der Meute stehend, frage ich laut: „Meine Damen und Herren, dass scheint Sie nicht zu interessieren, was ich hier zu sagen habe?“ – Totenstille. Da hat der Schnösel erkannt, dass er langweilig ist.

Ich gehe direkt auf den ersten Studenten zu, sehe ihm in die Augen: „Was interessiert Sie, mal ehrlich?“

Ich war an dem Tag nicht witzig, nicht gut, aber ich habe lebend den Raum verlassen. Professor X bemerkte dann noch zum Abschluss: „Na, da haben Sie ja mal gerade noch die Kurve bekommen.“ – Arschl....

Intuitiv nutzte ich damals die Vorwegnahmetechnik – ich sprach an, was störte.

Die schwitzigen Hände, der schlecht erzählte Witz, die zwei Jahre Arbeitslosigkeit, der Verlust des roten Fadens: sprechen Sie es an. Schlimmer kann es eh nicht mehr werden. Im Gegenteil, nur dann haben Sie noch die Chance einer sympathischen und authentischen Wirkung. Denken Sie daran. Sie werden noch gegen viele Wände laufen.

Sehr hilfreich hierbei, für mich die schönste Eigenschaft überhaupt, ist die Kunst, über sich selbst lachen zu können. Sie vereinfacht das Leben ungemein.

Am Ende entscheidet, bei aller Eloquenz, natürlich die Sprache des Körpers.

»Es kommt nicht darauf an, wie eine Sache ist,
es kommt darauf an, wie sie wirkt.«

Kurt Tucholsky

Der gleiche Satz, von drei verschiedenen Menschen vorgelesen, erzielt immer eine andere Wirkung. Arme, Augen, Hände, Körperhaltung, Gestik, Mimik und, und, und – jedes Element für sich genommen spricht Bände. Aber auf die emotionale Intelligenz komme ich später noch.

Sehr treffend meint Rudyard Kipling:

»Worte sind das stärkste Rauschgift, das die Menschheit verwendet.«

Nutzen Sie dieses Rauschgift. Lassen Sie sich nicht nur von anderen berauschen. Wenn Sie nicht sagen, was Sie wollen und was Sie können, was Ihnen gefällt und missfällt – wie soll sich dann irgendetwas verändern?

TIPP: ERZÄHLE ES, SONST VERSTEHT DICH KEINER!

- ☐ Lohnt sich, darüber nachzudenken.

- ☐ Mein Lieblingszitat:

- ☐ Mein Impuls/Kommentar:

Wirkung • Bild • Schlagfertigkeit • alles Nötige • Beispiel
Gespräch • Reden • Information • Erinnerung • Langeweile
Schweigen • Sprache • Betonung • Kritik • Überzeugung
Verkaufen • Werbung • Worte • Zuhören • Lüge • Weise

»Es kommt nicht darauf an, wie eine Sache ist, es kommt darauf an, wie sie wirkt.«

Kurt Tucholsky

»Ein Bild sagt mehr als tausend Worte.«

chinesisches Sprichwort

»Schlagfertig ist jede Antwort, die so klug ist, dass der Zuhörer wünscht, er hätte sie gegeben.«

Elbert Hubbard

»Meister der Beredsamkeit ist der, der alles Nötige sagt und nur dies.«

La Rochefoucauld

»Ein gutes Beispiel ist nicht eine Möglichkeit, andere zu beeinflussen, es ist die einzige.«

Albert Schweitzer

»Wenige Dinge auf Erden sind lästiger als die stumme Mahnung, die von einem guten Beispiel ausgeht.«

Mark Twain

»Gespräch ist gegenseitige distanzierte Berührung.«

Marie von Ebner-Eschenbach

»Wenn man einmal weiß, worauf alles ankommt, hört man auf gesprächig zu sein.«

Johann Wolfgang von Goethe

»Dein Gesprächspartner soll nicht mit dir, sondern mit sich zufrieden sein.«

Lothar Schmidt

»Bei vielen Reden ist die Informationsübertragung nur eine Randerscheinung.«

Lothar Schmidt

»Wer informiert ist, bleibt nicht ruhig.«

Norbert Stoffel

»Das Beste, was man hoffen kann zu vollbringen, ist, den anderen an das zu erinnern, was er bereits weiß.«

Platon

»Nichts ist schwerer als bedeutende Gedanken so auszudrücken, dass jeder sie verstehen muss.«

Arthur Schopenhauer

»Das Geheimnis zu langweilen besteht darin, alles zu sagen.«

Voltaire

»Der Langweiler ist ein Mensch, der, wenn du dich nach seinem Befinden erkundigst, es dir erklärt.«

Channing Pollock

*»Besser schweigen und als Narr scheinen,
als sprechen und jeden Zweifel beseitigen.«*

Abraham Lincoln

»Schweigen ist eines der am schwierigsten zu widerlegenden Argumente.«

Josh Billings

»Die Sprache ist die Kleidung der Gedanken.«

Samuel Johnson

»Betonen: die Absicht sprachlich zu betonieren.«

Ron Kritzfeld

»Die Kritik gleicht einer Bürste. Bei allzu leichten Stoffen darf man sie nicht verwenden, denn sonst bliebe nichts mehr übrig.«

Honore de Balzac

»Wen das Auge nicht überzeugen kann, überredet auch der Mund nicht.«

Franz Grillparzer

*»Man überzeugt im Allgemeinen besser durch Gründe,
die man selber gefunden hat, als durch die, die anderen eingefallen sind.«*

Blaise Pascal

*»Nicht durch Tatsachen wird der Mensch überzeugt,
sondern durch Menschen, die von Tatsachen überzeugt sind.«*

Ernst R. Hauschka

*»Ein Mann mit einer Überzeugung ist stärker
als 99 Leute mit Interessen.«*

John Stuart Mill

*»Einen Gescheiten kann man überzeugen,
einen Dummen muss man überreden.«*

Curt Goetz

*»Am besten überzeugt man andere mit den Ohren –
indem man ihnen zuhört.«*

Dean Rusk

»*Verkaufen heißt, dem Käufer behilflich zu sein, mit der Ware eine positive Vorstellung zu verbinden.*«

Helmar Nahr

»*Verkaufen ist keine Kunst – aber dabei verdienen!*«

Chinesisches Sprichwort

»*Ohne Werbung Geschäfte machen zu wollen ist so, als winkte man einem Mädchen im Dunkeln zu. Man weiß zwar, was man will, aber niemand sonst.*«

Steward Henderson Britt

»*Die Werbung möchte uns einreden, dass man ohne Kopf weiter komme als ohne Krawatte.*«

Rudolf Rolfs

»*Worte sind das, was die Gesellschaft zusammenhält.*«

Stuart Chase

»*Worte sind natürlich das stärkste Rauschgift, das die Menschheit verwendet.*«

Rudyard Kipling

»*Zündende Worte fangen am schnellsten in Strohköpfen Feuer.*«

Lothar Schmidt

»*Jedes überflüssige Wort wirkt seinem Zweck gerade entgegen.*«

Arthur Schopenhauer

»*Zuhören können ist der halbe Erfolg.*«

Calvin Coolidge

»*Wir sollten versuchen, einen Menschen dadurch zu verstehen, dass wir ihn nicht am Sprechen hindern.*«

Ernst R. Hauschka

»*Ein Zuhörer ist jemand, der nicht überall bekannt ist, der aber nach einer Weile etwas weiß.*«

Wilson Mizner

»Lüge nie, denn du kannst ja doch nicht behalten, was du alles gesagt hast.«

Konrad Adenauer

»Der beste Lügner ist der, der mit den wenigsten Lügen am längsten auskommt.«

Samuel Butler der Jüngere

»Die Menschen sind alle so geartet, dass sie lieber eine Lüge als eine Absage hören wollen.«

Marcus Tullius Cicero

»Die Lüge ist der eigentlich faule Fleck in der menschlichen Natur.“

Immanuel Kant

»Es ist schwierig einem Menschen zu glauben, wenn man an seiner Stelle lügen würde.«

Henry Louis Mencken

»Stets äußert sich der Weise leise, vorsichtig und bedingungsweise.«

Wilhelm Busch

VI. Eichhörnchen zweifeln nicht

„Intuitiv würde ich sagen, das machen wir so ..."

Wie oft haben Sie das schon gesagt, wie oft haben Sie sich geirrt? Oft? Sehr oft? Oder würden Sie sagen, meist hatte Ihre intuitive Hälfte Recht?

Albert Einstein hat viele Gesetze des Kosmos neu definiert. Er hat komplexe Sachverhalte erkannt, die mir auch beim zehnten Anlauf noch verborgen bleiben. Dennoch hebt er die Intuition als das eigentlich Wertvolle hervor. Eine Kraft, die uns allen gegeben ist. Intuition als wichtiger Bestandteil unseres Lebens. Es scheint aber, dass sie mit der Zeit verkümmert.

Andererseits sind wir uns zu schnell sicher. Sehr gefährlich, wenn man Ernst R. Hauschka traut.

»Je weniger ein Mensch weiß, desto rascher und sicherer fällt er seine Urteile.«

Dann wiederum sind wir Zweifler, Zauderer, überlegen zu lange, finden zu viele Haare in der Suppe.

Kein Eichhörnchen zweifelt eine Sekunde daran, was es in der Welt soll. Es wächst in seinen natürlichen Umkreis hinein und folgt seinen Trieben, die ihm das Überleben sichern. Gewiss müssen höhere Tiere einiges von ihren Eltern lernen, aber Zweifel, ob ihnen dieses Gelernte auch wirklich nützt, hegen sie nicht.

Ganz anders verhält es sich mit dem Menschen. Er verfügt zwar über eine hohe Intelligenz, die es ihm ermöglicht, die Welt zu verstehen und zu verändern, aber selbstsicher wird er dadurch nicht. Unsere Kindheit hat dabei einen immensen Einfluss auf unser späteres Sein. Freud hätte uns hier viel zu erzählen.

Sicherlich gibt es immer wieder Menschen, die geradlinig ihren Weg durchs Leben gehen und ihre Aufgabe intuitiv finden. Es gibt aber viele andere, die zumindest einmal im Leben mit ihrem Schicksal hadern. Viel schlimmer noch, sich ihm irgendwann resigniert und freudlos ergeben. Vertrauen Sie auf Ihre innere Stimme, versuchen Sie weniger zu zweifeln.

Ein kleiner Schritt am Ellenbogen ...

Was nützt mir dabei die Intelligenz? Auch hier hat Albert Einstein eine klare Sichtweise:

»Zwei Dinge sind unendlich: das Universum und die menschliche Dummheit. Aber bei dem Universum bin ich mir noch nicht ganz sicher.«

Marie von Ebner-Eschenbach ist hingegen Anhängerin der „Brett-Theorie“:

»Jeder Mensch hat ein Brett vor dem Kopf – es kommt nur auf die Entfernung an.«

Jeder Mensch trägt sein persönliches Brett mit sich herum. Von dumm über schüchtern über bauernschlau bis genial. Zu hohe Intelligenz kann kontraproduktiv sein, wenn sie mich einsam macht. Der Mensch lernt nicht dazu. Er ist immer noch so dumm wie vor tausenden von Jahren.

Viel wichtiger als der IQ ist aber die emotionale Intelligenz (EQ). Was das ist? Ein einfaches Beispiel:

Zwei Personen begegnen sich am Bahnhof. Nach einem kurzen Geplänkel über das Wetter und das gestrige Spiel von Werder Bremen sieht die eine Person kurz auf die Armbanduhr. Die andere beginnt daraufhin mit ihrer Krankengeschichte und beweist eindrucksvoll ihren geringen EQ. Nicht wahrnehmen, was der andere fühlt. Er hat einfach keine Zeit!

Laut Evolution verfügen Frauen meist über einen höheren EQ als wir Männer. Es gibt allerdings Ausnahmen.

Von dieser Laune der Natur abgesehen, gibt es ein Gesetz für alle „Erfolgreichen". Sie besitzen die vornehme Eigenschaft, die Gefühle der anderen zu erraten. Sie können reagieren, wo andere sich schon auf sicherer Talfahrt befinden.

Nehmen wir jetzt einmal an, dass Sie öfter auf Ihre Intuition hören, mit einer guten Portion IQ und EQ ausgestattet sind und Ihre Erkenntnisse auch ausleben wollen.

Wo beginnt jetzt Ihre persönliche Selbstlüge oder auch kognitive Dissonanz? Sie möchten ein Beispiel hierzu?

Mein Freund Andreas, ich erwähnte ihn bereits, will mich zum Tennisspielen abholen. Herrliches Wetter. Vorher aber hatte ich meinen Kindern versprochen, mit ihnen in die Eisdiele zu gehen. Ich fahre zum Tennisplatz. Da kommen manchen schon die Tränen. Was ist das für ein Vater?

Ich spiele also mit Andreas Tennis und rede mir ein: „Es ist wohl gut, jetzt hier Tennis zu spielen, nächste Woche hätte ich keine Zeit gehabt." Ich belüge mich selbst! Wie oft belügen Sie sich am Tag?

Einmal, zehnmal, oder öfter? Keine Angst. Die kognitive Dissonanz ist ein Überlebenstrieb des Menschen. Psychologen lernen das im ersten Semester. Wenn ich mir das Leben nicht im Kopf zurechtlege, drehe ich durch. Die Fünf in der Klassenarbeit – kann ich mir leisten ..., die Kündigung – gut, endlich weg da ...

Wichtig ist nur, dass ich bei den wichtigen Entscheidungen meines Lebens die Selbstlüge erkenne!

Sehr revolutionär integrierte ich die Erkenntnis der kognitiven Dissonanz in meinen Bewerbungstrainings.

1. Blick auf das Bewerbungsfoto
   - sympathischer erster Eindruck ... (Entscheidung im Bruchteil einer zehntel Sekunde)

2. Erster Satz im Anschreiben: „Bezug nehmend auf unser freundliches Telefonat ..."
   - ah, die Dame war das ...
   (Stimme kraftvoll, sympathisch und zielstrebig)

3. Jetzt noch ein Satz, der etwas anders klingt, als die bekannten Platituden
   - da bin ich aber neugierig ...

... und schon habe ich beschlossen, die Person kennenzulernen.

Jetzt die Zeugnisse und Praktika, eher Mittelklasse – aber das war bei mir ja auch so. Ich werde Sie trotzdem einladen.

Wo beginnt hier die Selbstlüge, wo endet die Intuition?

Kommen wir jetzt zu einer oft belächelten Theorie. Meist mit der Bemerkung verziert: „Schön, dass du daran glaubst!". Das war ein Kommentar von einem Freund. Es gibt auch andere Aussprüche ...

Sind Sie abergläubisch? Machen Sie einen Umweg wegen einer schwarzen Katze? Überreden Sie den genervten Portier Ihnen ein neues Zimmer zu geben, nur wegen dieser 13? Glauben Sie an Schicksal?

Es kann manchmal sehr befreiend sein an Übernatürliches zu glauben, nicht zu zweifeln – besonders, wenn es passiert.

Ich erzähle Ihnen ein Ereignis, das ich wirklich erleben durfte. Hieraus könnten Sie jetzt schließen, dass die anderen Dinge nicht der Wahrheit entsprechen – doch, ich habe Ihnen versprochen, nicht zu lügen!

Seit geraumer Zeit jogge ich wie ein Verrückter. Mir gefällt der Zustand der absoluten Erschöpfung. So auch geschehen am Ellenbogen. Passt doch – oder?

Wichtig für den Hintergrund der Geschichte ist, dass ich noch nie einen Bernstein auf Sylt gefunden habe. Und glauben Sie mir, ich und meine Kinder suchen seit immer und ewig.

Ich joggte also los. Es begann dunkel zu werden. Der Strand war schön fest, das Laufen machte Spaß. Ich ging noch einmal gedanklich das letzte Kapitel „Glück“ durch. Da kam mir der Gedanke, wie wohl die Wahrscheinlichkeit wäre (P von A, so im Fach Statistik gelernt und vergessen), wenn ich einfach irgendwo anhielte, am besten an der Nordspitze, mich bückte und einen Bernstein fände.

Ich merke, Sie tun sich schwer, mir das jetzt abzunehmen.

Sehen Sie sich das Foto auf der nächsten Seite an!

Was denken Sie?

Das ist kein Jogginganzug!
Die Sonne steht zu hoch am Himmel!
Wer hat das Foto gemacht?

Ja, so wird man überführt ...

Meine Geschichte stimmt aber trotzdem. Ist sogar noch verrückter.

Mein Versprechen einlösend, zwei Freunden „meinen" Ellenbogen und das nördlichste Haus zu zeigen, war ich vier Wochen vorher bereits am Ellenbogen. Jahrelang hatte ich ihnen von dem Wunsch erzählt, hinter diesem berühmten Fenster ein Buch zu schreiben. Sie konnten es schon nicht mehr hören. Als Ausgleich für ihre Geduld versprach ich dem älteren der beiden, wenn er in Pension ginge ihm alles zu zeigen. Anfang des Jahres sagte er dann: „In fünf Monaten gehe ich in Rente" ...

Bei der Wanderung um den Ellenbogen ließ ich mich dann zu dem Satz hinreißen: „Wer hier einen Bernstein findet, dem gebe ich ordentlich einen aus." 5 Minuten später ...

Der Bernstein ist also nicht meiner! Meiner war noch viel kleiner, geradezu winzig, aber Bernstein. Neben den Mini-Muscheln wirkt er allerdings größer. Was könnte man hier wieder tiefsinniges herauslesen ...

... der Beweis.

Der Glaube, der Wunsch, das Ziel. Manchmal passieren Dinge, nur weil wir es möchten. Der Bernstein hat jetzt einen festen Platz in meiner Brieftasche.

Zweifeln bringt mich nicht weiter!

Wenn alles dreimal hinterfragt, angezweifelt, überdacht, verglichen und abgewogen wird, wo bleibt dann am Ende die Kraft des Glaubens? Ist es nicht herrlich, wenn wir von Dingen träumen und sich irgendwann, nur weil wir es immer wollten, ein Detail unseres Wunsches erfüllt? Wenn wir nur zweifeln, wird alles Schöne relativiert. Es passiert einfach weniger.

Ich weiß nicht, warum manchen Menschen das Glück über den Weg läuft. Aber ich bin mir sicher, dass die wenigsten zur Gruppierung der „Zweifler" gehören.

Die Aussage: „Ich würde ja gerne, aber mein Verstand sagt mir ..." ist ein klassischer „Wünscheverhinderer". Verstandesmenschen machen vieles richtig und verpassen doch so viele verrückte Momente.

Besser doch, man verfügt laut Samuel Taylor Coleridge über den gesunden Menschenverstand:

»*Gesunder Menschenverstand in ungewöhnlichem Maße ist das,*
was die Welt Weisheit nennt.«

Am Ende trägt die richtige Mischung aus Intuition, Selbstlüge, Glaube, Intelligenz und gesundem Menschenverstand zu Ihrer weisen Entscheidung bei.

Prosit auf einen schmackhaften Cocktail. Geschüttelt und gerührt.

TIPP: INTUITV ALLES RICHTIG MACHEN!

- ☐ Lohnt sich, darüber nachzudenken.

- ☐ Mein Lieblingszitat:

- ☐ Mein Impuls/Kommentar:

Erster Eindruck • Intuition • Bildung • Intelligenz Klugheit • Dummheit • Gesunder Menschenverstand Urteil • Wissen • Zweifel

»Für den ersten Eindruck, den man macht, gibt es keine zweite Chance.«

Unbekannt

»Sprichwörter sind die Zufluchtstätte der Intuition.«

James Russell Lowell

»Das eigentlich Wertvolle ist im Grunde die Intuition.«

Albert Einstein

»Intuition ist eine Vermutung, die es geschafft hat.«

Lothar Schmidt

»Wer gebildet ist, der weiß, wo er findet, was er nicht weiß.«

Georg Simmel

»Intelligenz macht schüchtern.«

Erasmus von Rotterdam

»Der Klügere gibt solange nach, bis er der Dumme ist.«

Werner Mitsch

»Es ist schwerer, Gefühle, die man hat, zu verbergen, als solche, die man nicht hat, zu heucheln.«

La Rochefoucaud

»Nicht die Klügsten haben immer die besten Einfälle. Gute Einfälle sind Geschenke des Glücks.«

Gotthold Ephraim Lessing

»Ein guter Einfall ist wie ein Hahn am Morgen. Gleich krähen andere Hähne mit.«

Karl-Heinrich Waggerl

»Ein Kluger bemerkt alles. Ein Dummer macht über alles eine Bemerkung.«

Heinrich Heine

»Kluge Menschen suchen sich selbst die Erfahrungen aus, die sie machen wollen.«

Aldous Leonard Huxley

»Der Wunsch klug zu erscheinen, verhindert oft, es zu werden.«

La Rochefoucauld

»Der Klügere gibt nach. Das ist ja das Dumme.«

Lothar Schmidt

»Der Klügere gibt nach, aber nicht auf.«

Rupert Schützbach

»Kluge Menschen lernen aus den Fehlern der anderen, die Dummen aus ihren eigenen.«

englisches Sprichwort

»Der Vorteil der Klugheit ist, dass man sich dumm stellen kann. Das Gegenteil ist schon schwieriger.«

Kurt Tucholsky

»Alle Menschen sind klug. Die einen vorher, die anderen nachher.«

Voltaire

*»Nicht nur, dass die Dummen nicht aussterben.
Es werden auch noch ständig neue geboren.«*

Jean-Paul Blum

*»Zwei Dinge sind unendlich:
das Universum und die menschliche Dummheit.
Aber bei dem Universum bin ich mir noch nicht ganz sicher.«*

Albert Einstein

*»Die Dummen haben das Pulver nicht erfunden,
aber sie schießen damit.«*

Gerhard Uhlenbruck

*»Gesunder Menschenverstand in ungewöhnlichem Maße ist das,
was die Welt Weisheit nennt.«*

Samuel Taylor Coleridge

*»Der so genannte gesunde Menschenverstand ist eigentlich
nur eine Anhäufung von Vorurteilen, die man bis zum
18. Lebensjahr erworben hat.«*

Albert Einstein

*»Misstraue deinem Urteil,
sobald du darin den Schatten eines persönlichen
Motivs entdecken kannst.«*

Marie von Ebner-Eschenbach

*»Je weniger ein Mensch weiß,
desto rascher und sicherer fällt er seine Urteile.«*

Ernst R. Hauschka

*»Alle Urteile, die wir – auch über andere – fällen, sind eigentlich immer nur
Schmeicheleien, die wir uns selber sagen.«*

Hans Lohberger

*»Urteile nicht über Dinge,
von denen du nur Echo und Schatten kennst.«*

Japanisches Sprichwort

*»Jeder Mensch hat ein Brett vor dem Kopf –
es kommt nur auf die Entfernung an.«*

Marie von Ebner-Eschenbach

*»Man muss schon etwas wissen, um verbergen zu können,
dass man nichts weiß.«*

Marie v. Ebner-Eschenbach

*»Die Alten glauben alles, die mittleren Alters bezweifeln alles,
die Jungen wissen alles.«*

Oscar Wilde

»Unsere Zweifel bestimmen unser Leben mehr als unsere Gewissheiten.«

Lothar Schmidt

*»Zweifel muss nichts weiter sein als Wachsamkeit,
sonst kann er gefährlich werden.«*

Georg Christoph Lichtenberg

*»Was wäre aus dem Menschen geworden,
wenn er nicht gelernt hätte zu zweifeln?«*

Upton Beall Sinclair

VII. Theoretiker – ein Mensch, der praktisch nur denkt

Albert Schweitzer war ein talentierter Musiker. Seinen Lebensinhalt fand er aber im Herzen Afrikas als Arzt und Entwicklungshelfer.

Die Essenz: Talente sind nur Werkzeuge. Wesentlicher ist das Motiv. Dies zu entdecken ist die eigentliche Lebensaufgabe.

Das heißt nicht, dass Sie lediglich Ihre Vorurteile neu ordnen. Lösen Sie sich vom Alltag. Fahren Sie alleine oder mit Ihrem besten Freund/ Ihrer besten Freundin an einen schönen Ort. Schon die Tat zeigt, dass es Ihnen Ernst ist.

Nehmen wir einmal an, Sie haben Ihr Motiv gefunden und wollen etwas in Ihrem Leben bewegen. Vielleicht ist es „Helfen", „Erfinden", „Führen", „Beraten", „Reparieren" ... Dann hat das japanische Sprichwort für Sie Gültigkeit:

»*Der Tag, an dem man einen Entschluss fasst, ist ein Glückstag.*«

Hatten Sie solche Glückstage? Kennen Sie diese Euphorie, etwas oder sich verändern zu wollen? Schön, aber es gibt einen Haken.

Begreiflich wurde mir dieser bei einer Rede vor den Bürgermeistern im Landkreis Goslar. Nach meinem, wie ich dachte, überzeugenden Vortrag meldete sich eine Bürgermeisterin zu Wort: „Alles schön und gut, Herr Grewe" – wenn ein Satz so beginnt, wird es meistens unangenehm – „... aber wie lange hält sich denn Ihre Euphorie, die Sie so verbreiten? Eine Woche, einen Tag, ein paar Stunden?" Sie hatte Recht!

Euphorie ist endlich. Der Beschluss nach dem zweiten Glas Wein, dem Sinn gebenden Seminar oder dem klärenden Gespräch, Dinge im Leben zu verändern, ist am Tage darauf oft schon verschwommen. Wenn ich einen Victor Hugo zitiere:

»*Nichts auf der Welt ist so kraftvoll wie eine Idee, deren Zeit gekommen ist.*«

... dann klingt das gewaltig. Aber was ist, wenn diese Idee in eine Zeit fällt, in der ich weder die Kraft noch die Gelegenheit noch die Möglichkeiten habe, sie umzusetzen?

Das wollte ich auch – angeln!

Am selben Tag fand ich diese Pose. Ein Zeichen! Fragen Sie meinen Sohn, was draus wurde. Immerhin habe ich jetzt 32 Posen auf dem Dachboden.

Ich schreibe dieses nicht, damit Sie jetzt resigniert das Buch zuklappen, sondern um Ihnen einen Weg aufzuzeigen. Das für mich Brauchbarste, was ich auf einem Selbst- und Zeitmanagement-Seminar lernen durfte, war: „Wer schreibt, der bleibt!"

Stellen Sie sich einmal vor, an Ihrem Kühlschrank klebt Ihr ausformulierter Plan vom Glück. In bester Sonntagsschrift. Jeden Morgen erinnert er Sie an Ihren damaligen Glückstag, den Plan gefunden zu haben. Irgendwann reißen Sie diesen Zettel ab, weil Sie, so wünsche ich es Ihnen, Ihr Ziel erreicht haben.

Georg Christoph Lichtenberg bringt einen zusätzlichen Aspekt:

»Es ist nicht gesagt, dass es besser wird, wenn es anders wird. Wenn es aber besser werden soll, muss es anders werden.«

Setzen Sie sich Ihre Ziele nicht zu hoch. Beim Joggen gilt ja auch: Wenn man zu schnell losläuft, geht einem schon nach kurzer Zeit die Puste aus.

Sich beeilen nützt also nichts. Zur rechten Zeit aufzubrechen ist die Hauptsache. Verlangen Sie nicht zuviel von sich. Setzen Sie Prioritäten. Was ist zurzeit sehr wichtig, was kann ich terminieren und was delegieren? Was ist absolut unwichtig? Beantworten Sie diese vier Fragen und Ihr Zettel am Kühlschrank macht einen Sinn.

»Prioritäten setzen heißt auswählen, was liegen bleiben soll.«
Helmar Nahr

Als Schüler blieben zum Leidwesen meiner Mutter viele Schulprojekte – nicht nur meine Klamotten – bei mir liegen. Schön immer wieder die Momente, wo ich beteuerte: „Ab morgen übe ich jeden Tag eine Stunde ..."
Johann Nepomuk Nestroy drückte aus, was meine belesene Mutter damals wohl dachte:

»Gute Vorsätze sind leider oft wie grüne Früchte, die abfallen, ehe sie reif sind.«

Wie gerne würde ich meiner Mutter heute zeigen, dass meine Idee von JUMP! nicht nur ein Plan geblieben ist. Oh, Sie fragen, was das JUMP!-Konzept ist? Schön, dass Sie darauf zu sprechen kommen.

Nur ganz kurz:

JUMP! begleitet die Schüler ab der achten Klasse auf ihrem Weg zum Traumberuf. Hierzu bieten wir ein ausgeklügeltes System von Seminaren an. Für die Schüler und die Lehrer. Am JUMP!-DAY (heute BERUFSWEG.de-Tag) besuchen die Schüler eines Landkreises alle Unternehmen ihrer Region. Sie erfragen Ausbildungsplätze, Praktika, Ferien- und Nebenjobs sowie Möglichkeiten für Betriebsbesichtigungen. Diese Daten werden im Internetportal www.berufsweg.de gesammelt und publiziert. Hier wiederum kann der Schüler über den digitalen Berufswegplaner systematisch seinen Weg zum richtigen Beruf planen. Im BERUFSWEG.dePlaner werden alle Daten (Lieblingsberufe, Testergebnisse, Bewerbungsversuche ...) abgeheftet. Dieser kann zum Berufsberater, zum Unternehmen oder zum Bewerbungsseminar mitgenommen werden.

In Wahrheit ist das Konzept wesentlich komplexer. Die Broschüre hierzu umfasst 20 Seiten. Das muss aber nicht sein ...

Ob ich vor 17 Jahren mit dem JUMP!-Konzept nur eine Chance ergriffen habe oder einfach nur der Versuchung nachgab, mal etwas anderes zu machen – ich weiß es nicht.

Aber noch heute ist der Gedanke befreiend, es getan zu haben.

... manchmal hörte ich mich schon selber reden.

Das Zitat von Jonathan Swift zierte damals unsere erste Unternehmensbroschüre:

»*Vision ist die Kunst, unsichtbare Dinge zu sehen.*«

Ich hatte das Glück einer Vision, die mich nicht mehr losgelassen hat. Dafür bin ich heute noch dankbar. Alle Personen mussten „durchlaufen“ werden: Der Idealist, der Utopist, der Egoist, der Skeptiker, der Optimist und der Pessimist.

Auch kleine Pläne und Visionen begleiten uns. Manchmal nehmen wir sie gar nicht wahr. Schön der spontane Plan einer jungen Frau in einem Verkaufstraining:

Die Gruppe, bestehend aus 5 Männern und der besagten Frau, sollte eine Prioritätenliste für die besten Eigenschaften eines Verkäufers formulieren. Die fünf Männer – echte Verbal-Rambos – redeten, was das Zeug hielt. Sie waren schwer zu ertragen.

Die Dame sagte nichts. Sie schrieb nur mit, lächelte die Herren an, schrieb ein paar Zeilen und lächelte wieder. Nach 25 Minuten beugte sie sich vor und hob den beschriebenen Zettel mit ihrer rechten Hand leicht über den Tisch. Auf einmal absolute Ruhe – was will die denn jetzt?

Ihre Worte blieben mir unvergessen:

„Ich habe mal kurz überschlagen. Wir dürfen 30 Minuten diskutieren und sind sechs Personen. Ich habe noch nichts gesagt. Damit stehen mir die letzten 5 Minuten zu. Aber das möchte ich euch nicht zumuten. Zwei, drei Dinge möchte ich aber dennoch loswerden ...“

Nach ihrem ironischen Intermezzo fragte ich sie neugierig:

„Bist du immer so schlagfertig?“ „Nein, im Gegenteil, aber ich hatte nach zwei Minuten beschlossen, mir einen Plan zu überlegen, was ich den fünf Idioten heute sagen kann. Zugehört habe ich nicht mehr. Für meine Formulierungen brauchte ich 15 Minuten Vorbereitung.“

Die Krise kann also auch immer eine Chance darstellen. So bin ich fester Anhänger der „Katastrophentheorie“. Nur wenn sich eine „Katastrophe“ einstellt, wird sich nachhaltig etwas verändern: Fristlose Entlassung, Scheidung, Tod eines Familienangehörigen, Krankheit, Konkurs, um die härteren Varianten zu nennen.

Ein guter Bekannter wurde so zum Beispiel durch die Insolvenz seines Betriebes gezwungen, in eine Festeinstellung zu wechseln. Seitdem empfindet er tiefe Befriedigung, wenn er um 17.00 Uhr zu seiner Frau sagt: „Lass uns noch 'ne Runde spazieren gehen, es ist noch hell!"

Die Lebenswege „großer Menschen" sind auf den ersten Blick bewundernswert. Doch wenn man genauer hinschaut, so stecken hinter den Erfolgen meist wenig ruhmvolle Geschichten. Oft persönliche Katastrophen.

Alfred Adler nennt eine Gefahr, die allerdings in keinem der Lebensläufe berühmter Menschen Bestand hätte:

»*Die größte Gefahr im Leben ist, dass man zu vorsichtig wird.*«

Seien Sie nicht zu vorsichtig. Entdecken Sie das Licht am Ende Ihres Tunnels, fangen Sie es mit Worten ein – vielleicht sogar in der Küche.

TIPP: MACHE EINEN PLAN!

- ☐ Lohnt sich, darüber nachzudenken.

- ☐ Mein Lieblingszitat:

- ☐ Mein Impuls/Kommentar:

Gewohnheit • Illusion • Klarheit • Skepsis • Theorie
Versprechungen • Verstand • Versuchung • Utopie • Vorsätze
Vorsicht • Denken • Aufbrechen • Durchblick • Einsicht
Besserung • Plan • Ideen • Neues • Problem • Weg • Ziel
Entschluss • Prioritäten • Bedenken • Zeit • Willen • Vision

»*Gewohnheit: eine Fessel der Freien.*«

Ambrose Bierce

»*Alle Illusionen sterben, aber nur die Schwächlinge sterben mit ihnen.*«

Charles Morgan

»*Ich würde tausend Originalitäten des Ausdrucks hergeben für eine Klarheit.*«

Manes Sperber

»*Skepsis: Wettstreit der Gedanken.*«

Hans Lohberger

»Grau, treuer Freund, ist alle Theorie und grün des Lebens goldener Baum.«

Goethe

»Die Theorie wird leicht mit den vergangenen und zukünftigen Problemen fertig; vor den gegenwärtigen ist sie machtlos.«

La Rochefoucauld

»Ein Theoretiker ist ein Mensch, der praktisch nur denkt.«

Werner Mitsch

»Die Theorie ist eine Brille, durch die wir falsche – und ohne die wir gar keine – Zusammenhänge sehen.«

Helmar Nahr

»Hüte dich vor Leuten, die dir Versprechungen machen,
ohne Gegenleistungen zu fordern.«

Bernard M. Baruch

»Wer ein Versprechen wiederholt, will es brechen.«

Max Haube

»Große Versprechungen kosten weniger als kleine Geschenke.«

Lothar Schmidt

»Ein gewöhnlicher Verstand ist wie ein Jagdhund,
der die Fährte eines Gedankens schnell annimmt
und schnell wieder verliert.«

Hugo von Hofmannsthal

»Versuchungen sind wie Vagabunden:
Wenn man sie freundlich behandelt,
kommen sie immer wieder.«

Mark Twain

»Ich kann allem widerstehen, außer der Versuchung.«

Oscar Wilde

»Ob man eine Chance ergreift oder einer Versuchung nachgibt,
verlangt viel Unterscheidungskunst.«

Lothar Schmidt

»Mensch sein heißt Utopien haben.«

Paul Tillich

»Der Utopist sieht das Paradies, der Realist das Paradies plus Schlange.«

Hellmut Walters

»Gute Vorsätze sind grüne Früchte, die abfallen, ehe sie reif sind.«

Johann Nepomuk Nestroy

»Gute Vorsätze sind sehr beliebt. Sie lassen sich immer wieder verwenden.«

Lothar Schmidt

»Gute Absichten sind wertlos. Es kommt darauf an, was man tut.«

Lothar Schmidt

»Die größte Gefahr im Leben ist, dass man zu vorsichtig wird.«

Alfred Adler

*»Vorsicht ist die Einstellung, die das Leben sicherer macht,
aber selten glücklich.«*

Samuel Johnson

*»Viele Menschen glauben, dass sie denken,
wenn sie lediglich ihre Vorurteile neu ordnen.«*

William James

»Denken ist die schwerste Arbeit, die es gibt. Das ist wahrscheinlich auch der Grund, dass sich so wenige Leute damit beschäftigen.«

Henry Ford

»Sich beeilen nützt nichts. Zur rechten Zeit aufbrechen ist die Hauptsache.«

Jean de la Fontaine

*»Durchblick: Mancher Durchblicker sieht zwar das Licht,
aber nicht den Tunnel.«*

Helmar Nahr

*»Wer A sagt, der muss nicht B sagen.
Er kann auch erkennen, dass A falsch war.«*

Bertolt Brecht

»Die wertvollsten Einsichten sind die Methoden.«

Friedrich Wilhelm Nietzsche

*»Es ist nicht gesagt, dass es besser wird, wenn es anders wird.
Wenn es aber besser werden soll, muss es anders werden.«*

Georg Christoph Lichtenberg

»Keine Gegenwart macht es uns leicht, sie zu lieben.«

Stefan Zweig

»Umstände sollten niemals Grundsätze verändern.«

Oscar Wilde

*»Ein Gedanke, der richtig ist,
kann auf Dauer nicht niedergelogen werden.«*

Otto von Bismarck

*»Es gibt Ideen, denen man nicht entrinnen kann.
Man engagiert sich, wenn man ja sagt,
wenn man nein sagt und wenn man gar nichts sagt.«*

Theodor Herzl

*»Die Idee ist ein Schach,
das man der Wahrheit bietet.«*

Jose Ortega Y Gasset

»Neue Ideen drücken oft ebenso wie neue Schuhe.«

Lothar Schmidt

*»Nichts auf der Welt ist so kraftvoll wie eine Idee,
deren Zeit gekommen ist.«*

Victor Hugo

*»Wer wirklich Neues erdenken will,
kann gar nicht genug verrückt sein.«*

Niels Bohr

»Jede Lösung eines Problems ist ein neues Problem.«

Goethe

*»Wenn man einen falschen Weg einschlägt,
verirrt man sich umso mehr, je schneller man geht.«*

Denis Diderot

*»Ein Mensch, der sich ernsthaft ein Ziel gesetzt hat,
wird es auch erreichen.«*

Benjamin Disraeli

»Der Tag, an dem man einen Entschluss fasst, ist ein Glückstag.«

Japanisches Sprichwort

»Prioritäten setzen heißt auswählen, was liegen bleiben soll.«

Helmar Nahr

*»Wenn ein Schuss kracht, fliegen die Sperlinge auf;
so geht es den Bedenken, wenn ein Entschluss gefasst wird.«*

Ernst R. Hauschka

*»Die meiste Zeit geht dadurch verloren,
dass man nicht zu Ende denkt.«*

Alfred Herrhausen

*»Das Kunststück ist nicht,
dass man mit dem Kopf durch die Wand rennt,
sondern dass man mit den Augen die Tür findet.«*

Georg von Siemens

»Um weiter zu springen, muss man einen Schritt zurücktreten.«

Französisches Sprichwort

*»Wer nicht weiß, was er selber will,
muss wenigstens wissen, was die anderen wollen.«*

Robert Musil

»Eine Überzeugung, die alle Menschen teilen, besitzt Realität.«

Aristoteles

»Vision ist die Kunst, unsichtbare Dinge zu sehen.«

Jonathan Swift

VIII. Nichts geschieht ohne Risiko, aber ohne Risiko geschieht auch nichts

Wer glücklich sein will, muss etwas wagen. Denn: Gescheitert ist man nicht, wenn man etwas falsch macht, sondern wenn man es gar nicht versucht. Psychologen entdeckten: Wer nur selten ein Risiko eingeht, senkt seine Glücksfähigkeit um 60 Prozent. Es ist mir zwar ein Rätsel, wie man Glücksfähigkeit berechnen kann, aber die Zahl überzeugt mich.

Neben dem – für meine und ältere Generationen – unvergesslichen Lied von Walter Scheel „Hoch auf dem gelben Wagen“ ist mir ein Satz unseres ehemaligen Bundespräsidenten noch in Erinnerung. Er ist Sinn gebend für viele glückliche Menschen:

»*Nichts geschieht ohne Risiko, aber ohne Risiko geschieht auch nichts.*«

Beeindruckend hierzu die Geschichte von Pascal. „Schule ist nicht mein Ding.“ sagte er zu mir. Das Hauptschulzeugnis war mittelmäßig. Seinen Traumberuf kannte er aber: Tischler. – Warum gibt es eigentlich so viele Geschichten zum Tischler?

„Kann ich meine Bewerbungsmappe eigentlich auch aus Holz machen?“ – „Das ist eine super Idee!“ war meine Antwort. Zehn Wochen später rief mich Pascal an:

„Ich habe einen Ausbildungsplatz, genau genommen hätte ich zehn Ausbildungsplätze haben können. Drei Bewerbungsmappen habe ich gemacht, schön mit goldenen Scharnieren. Das Anschreiben habe ich mit Laser eingraviert, waren zwar vier Rechtschreibfehler drin, hat aber keinen großartig interessiert. Ich habe alle Tischlerbetriebe bei uns im Landkreis besucht. Hab’ dann immer gesagt, dass ich nur zwei Mappen habe und die Mappe in vier Tagen wieder abholen muss.“ – Einfach genial!

Nach jahrelanger Beratertätigkeit gäbe es hier viele schöne Geschichten zu erzählen. So das Erfolgserlebnis einer Hotelfachschülerin, die ihre Bewerbung auf der Serviette des 5-Sterne-Hotels schrieb.

Oder von meiner Nichte Jette: Ihr erster Satz im Anschreiben zum Ausbildungsplatz zur Floristin lautete: „Mit fünf Jahren habe ich meinen ersten Adventskranz gebunden. Heute bin ich 18 Jahre alt ..."

Passend dazu eine Bildcollage ihrer Gestecke. Die Bewerbungsmappe im Format DIN A5 und noch ein paar andere Besonderheiten. Sie hatte sich wirklich viel Mühe gegeben und über 3 Wochen in das Ergebnis investiert. Aber das Wichtigste war ihr Entschluss, alle Blumenläden im Hamburg-Blankenese aufzusuchen. Das Mekka für Floristinnen.

Viele benutzen den goldenen Mittelweg und wundern sich, dass der verstopft ist. Bloß kein Risiko eingehen, die könnten ja denken ...

Es allen recht zu machen, heißt, es keinem recht zu machen. Ich stehe auf dem Standpunkt: Hauptsache, Sie tun etwas, Sie bewegen sich, sind stolz auf Ihren Mut! Überwinden den „inneren Schweinehund". Goethe bringt die Lethargie des Menschen trefflich zum Ausdruck:

»*Vom Ziel haben viele Menschen einen Begriff,*
nur sie möchten es gerne schlendernd erreichen.«

„Ohne Fleiß kein Preis." „Der frühe Vogel fängt den Wurm." „Das Glück ist mit dem Tüchtigen". Wie viele platte, aber dennoch treffende Weisheiten mag es hierzu geben?

Träumen ist wichtig. Planen ist wichtig. Reden ist wichtig. Aber wer nur vom Glück träumt, darf sich nicht wundern, wenn er es verschläft. Auf die Pauke hauen wollen viele. Tragen wollen sie nur wenige.

Aber was passiert, wenn ich mein Ziel nicht erreiche oder Pech habe? Wenn die explosiven Sprüche der Motivationsgurus nicht fruchten? Wenn Theorie und Praxis zu weit auseinander liegen?

Jeder hat mal eine Pechsträhne. Aber glückliche Menschen hadern nicht lange mit ihrem Schicksal, sondern fragen: Was kann ich daraus machen? Sie suchen nach Lösungen – und dabei wachsen sie am Widerstand und entwickeln positive Energien.

Einer der wahren Motivatoren, Mahatma Ghandi, gibt uns die Lösung vor:

»*Das Ziel weicht ständig vor uns zurück. Genugtuung liegt im Einsatz, nicht im Erreichen. Ganzer Einsatz ist ganzer Erfolg.*«

Das Durchhaltevermögen bestimmt den Erfolg. Ausdauer gehört damit zu den wichtigsten Faktoren der so genannten „Erfolgsintelligenz“. Wer zu schnell resigniert, wird seine Ziele niemals erreichen. Wer trotz offensichtlicher Aussichtslosigkeit zu lange an einer Sache festhält, blockiert sich auf seinem Lebensweg unnötig selbst.

Ein chinesischer Weiser sagte einmal: „Wer öfter aufsteht als er hinfällt, ist ein erfolgreicher Mensch.“ Wie das mathematisch gehen soll, ist mir ein Rätsel. Die Erkenntnis aber wirkt nach.

»*Wenn es einen Glauben gibt, der Berge versetzen kann,*
so ist es der Glaube an die eigene Kraft.«

Marie von Ebner-Eschenbach

Aber was ist, wenn ich diese Kraft oder diesen Glauben nicht entwickeln kann? Ist Optimismus oder energievolles Auftreten erlernbar? Auch nach all den Jahren als Verhaltenstrainer vermag ich das nicht zu beantworten.

Allerdings glaube ich daran, dass der Mensch auf eine höhere Ebene seiner Möglichkeiten kommen kann. Der Introvertierte kann lernen, vor einer Gruppe zu sprechen. Ein Pessimist fährt mit Hilfe des optimistischen Freundes auf „besseren Gleisen“. Der „Back-Up-Typ“ findet in der Rechnungsprüfung seine Erfüllung.

Wichtig hierbei ist nur (und wieder ein chinesisches Sprichwort):

»*Fürchte dich nicht, langsam zu gehen,*
fürchte dich nur, stehen zu bleiben.«

Irgendwann steht man im Leben. Manche allerdings sind noch nie gegangen. Wenn Sie stehen, dann gönnen Sie sich diese Pause. Aber begreifen Sie es als Pause!

»Die einen erkennt man an ihren Taten, die anderen an ihrem Getue.«
Martin Kessel

Viele Wichtigtuer und „Schnacker" liefen mir in meinem Leben über den Weg. Früher glaubte ich noch an den festen Händedruck und an die Zusage, sich baldmöglichst zu melden. Diese Naivität legt man im Laufe der Jahre ab. Ohne diese Naivität hätte ich mich allerdings auch nicht selbständig gemacht. Also ist auch sie zu etwas nütze.

Was sind Sie für ein Mensch? Sind Sie faul? Optimist oder Pessimist? Sind Sie ein Möchtegern oder ein Visionär? Über wie viele Reserven verfügen Sie? Gibt es einen Plan in Ihrem Leben?

Gib mir die Energie der Jugend!

Möchten Sie den größten Vollgenuss des Daseins kennenlernen?

Ja?
Dann gilt für Sie das wichtigste Zitat meines Lebens:

»*Hindernisse überwinden ist der Vollgenuss des Daseins.*«
Arthur Schopenhauer

Das Glücksgefühl, es getan zu haben. Dieses Grinsen im Gesicht, was nicht verschwinden will. Und wenn es nur der Blick auf den gemähten Rasen ist. Keine Ausreden, keine falsche Entschuldigungen. Sieh her, ich habe es gemacht. Es wurde getan, sogar gegen Widerstände – und manchmal sogar gut.

So denn auch der biblische Vorschlag von Georg Christoph Lichtenberg:

»*Gib meinen Entschlüssen Kraft" ist eine Bitte,
die im Vaterunser stehen könnte.*«

Ich wünsche Ihnen viele gute Entschlüsse und die notwendige Kraft. Ein wenig Beten kann dabei auch nicht schaden.

TIPP: TU ES!

- ☐ Lohnt sich, darüber nachzudenken.

- ☐ Mein Lieblingszitat:

- ☐ Mein Impuls/Kommentar:

Einsatz • Verantwortung • Gute Sache • Wille • Konsequenz Kraft • Risiko • Taten • Verdienst • Irrtum • Stillstand Hindernisse • Ehrgeiz • Entschluss • Faulheit • Mittelmaß Haltbarkeit • Vernunft • Bewunderung • Schwierigkeiten Gedanke

»*Das Ziel weicht ständig vor uns zurück. Genugtuung liegt im Einsatz, nicht im Erreichen. Ganzer Einsatz ist ganzer Erfolg.*«

Mahatma Gandhi

»*Vom Ziel haben viele Menschen einen Begriff, nur sie möchten es gerne schlendernd erreichen.*«

Goethe

»*Je näher die Verantwortung kommt, desto weniger laut wird die Sprache.*«

Francois Mauriac

»*Der Preis der Größe heißt Verantwortung.*«

Sir Winston Churchill

»Eine schlechte Sache erregt, eine gute verträgt viel Kritik.«

Charles Tschopp

»Der Mensch muss das Gute und Große wollen, das Übrige hängt vom Schicksal ab.«

Alexander von Humboldt

»Wille ist geformtes Temperament.«

Hans Lohberger

»Des Menschen Wille, das ist sein Glück.«

Friedrich von Schiller

»Einen Vorsprung im Leben hat, wer da anpackt, wo die anderen erst einmal reden.«

John F. Kennedy

*»Es ist nicht genug zu wissen, man muss es auch anwenden.
Es ist nicht genug zu wollen, man muss es auch tun.«*

Goethe

»Ich kann, weil ich will, was ich muss.«

Immanuel Kant

*»Manche Leute können keiner Fliege etwas zuleide tun,
weil sie nicht imstande sind, eine zu fangen.«*

Helmut Qualtinger

»Konsequent zu sein ist die größte Obliegenheit des Philosophen.«

Immanuel Kant

»Auf die Pauke hauen will jeder. Aber tragen will sie keiner.«

Werner Mitsch

»Konsequenz: heute so und MORGEN so. Inkonsequenz: heute so und morgen SO.«

Unbekannt

*»Wenn es einen Glauben gibt, der Berge versetzen kann,
so ist es der Glaube an die eigene Kraft.«*

Marie von Ebner-Eschenbach

»Nichts geschieht ohne Risiko, aber ohne Risiko geschieht auch nichts.«

Walter Scheel

»Die einen erkennt man an ihren Taten, die anderen an ihrem Getue.«

Martin Kessel

»Wir würden uns oft unserer schönsten Taten schämen, wenn die Welt alle Beweggründe sähe, aus denen sie hervorgehen.«

La Rochefoucauld

»Was hilft aller Sonnenaufgang, wenn wir nicht aufstehen.«

Georg Christoph Lichtenberg

»Kleine Taten, die man ausführt, sind besser als große, die man plant.«

Georges Marschall

»Gibt es einen Unterschied zwischen Theorie und Praxis? Es gibt ihn. In der Tat.«

Werner Mitsch

»Die Welt ist in zwei Klassen geteilt, in diejenigen, welche das Unglaubliche glauben, und diejenigen, welche das Unwahrscheinliche tun.«

Oscar Wilde

»Ich habe niemals einen wirklich großen Geschäftsmann gesehen, dem das Verdienen die Hauptsache war.«

Walther Rathenau

»Wer gut verdient, strengt sich nicht an. Wer sich anstrengt, verdient nicht gut.«

Chinesisches Sprichwort

»Nicht die Zeit macht uns fertig, sondern das Tempo.«

Werner Mitsch

»Irrtümer haben ihren Wert, jedoch nur hier und da. Nicht jeder, der nach Indien fährt, entdeckt Amerika.«

Erich Kästner

»Fürchte dich nicht, langsam zu gehen, fürchte dich nur, stehen zu bleiben.«

Chinesisches Sprichwort

»Hindernisse überwinden ist der Vollgenuss des Daseins.«

Arthur Schopenhauer

»Wenn die anderen glauben, man ist am Ende, so muss man erst richtig anfangen.«

Konrad Adenauer

»Dass etwas schwer ist, muss ein Grund mehr sein, es zu tun.«

Rainer Maria Rilke

»Wer nicht weiß, wo ihm der Kopf steht, könnte ihn bereits verloren haben.«

Rupert Schützbach

»Die Zukunft ist die Ausrede derer, die in der Gegenwart nichts tun wollen.«

Harold Pinter

»Sobald jemand in einer Sache Meister geworden ist, sollte er in einer neuen Sache Schüler werden.«

Gerhart Hauptmann

»Ehrgeiz ist die Unbescheidenheit des Geistes.«

Sir William Davenant

»Gib meinen Entschlüssen Kraft' ist eine Bitte, die im Vaterunser stehen könnte.«

Georg Christoph Lichtenberg

»Schlimm ist, dass man Entscheidungen treffen muss, bevor man Erfahrungen gesammelt hat.«

Robert Muthmann

»Greife nicht leicht in ein Wespennest: Doch wenn du greifst, so greife fest!«

Matthias Claudius

»Faulheit: der Hang zur Ruhe ohne vorhergehende Arbeit.«

Immanuel Kant

»Das gesunde Mittelmaß. Nicht zu viel und doch zu wenig.«

Werner Mitsch

»Erst wenn der Sarg zugenagelt ist, erweist sich die Haltbarkeit eines Namens.«

Japanisches Sprichwort

»Vernunft annehmen kann niemand, der nicht schon welche hat.“

Marie v. Ebner-Eschenbach

»Die Vernunft ist das Gleichgewichtsorgan des Geistes.«

Hans Lohberger

»Bewunderung: die höfliche Beachtung des anderen Menschen, der Ähnlichkeit mit dir hat.«

Ambrose Bierce

»Die Schwierigkeiten wachsen, je näher man dem Ziele kommt.«

Goethe

»Das Leben hat mich gelehrt, dass alles auf die Menschen ankommt, nicht auf die so genannten Verhältnisse.«

Theodor Fontane

»Wer das Abenteuer sucht,
braucht nur ein paar Rechnungen nicht pünktlich zu bezahlen.«

Unbekannt

»Wer vom Glück immer nur träumt, darf sich nicht wundern, wenn er es verschläft.«

Ernst Deutsch

»Wer nach einer hilfreichen Hand Ausschau halten will, der findet sie am besten am Ende des eigenen Armes.«

Sprichwort

»Nichts gedeiht im Schatten großer Bäume.«

Unbekannt

»Mit nur einer Hand lässt sich kein Knoten knüpfen.«

Mongolisches Sprichwort

»Tatsachen schafft man nicht dadurch aus der Welt, dass man sie ignoriert.«

Aldous Leonard Huxley

»Um zu wissen, ob ein Gedanke neu ist,
braucht man ihn nur so einfach wie möglich auszudrücken.«

Marquis de Vauvenargues

2. Dezember 2011

Es ist ein Jahr vergangen. Es ist der 2. Dezember 2011. Ja, Sie lesen richtig. Zwischen den ersten Zeilen meiner Erkenntnisse und jetzt liegen 12 Monate schriftstellerischer Ruhe.

Wo befinde ich mich in diesem Moment?

Wieder im nördlichsten Haus Deutschlands, auf Sylt am Ellenbogen.

Wieder zurück am nördlichsten Laptop.

Ich sehe auf die spiegelglatte Nordsee, ein herrlicher Blick, die Sonne scheint wie verabredet in mein gemütliches Zimmer. Hier wollte ich immer sein – hatte ich das noch nicht gesagt? Mal kurz zurückblättern. Nein.

Schon vor über zwanzig Jahren hatte ich es so zu meinen Eltern gesagt. „Das ist beschlossene Sache, Mami ...!" Dort zu sitzen und mein Buch zu schreiben. Einen Bestseller. Einladungen für „drei nach neun" und „WETTEN DAS", Autogramme in der Fußgängerzone in Rotenburg, Millionengewinne ...

Jetzt bin ich wieder hier. Bin ich glücklich? Was für eine gemeine Frage an mich. Was fällt mir ein? Was, wenn die Antwort jetzt und hier schlecht für mich ausfällt?

So, nun schinde nicht soviel Zeit, antworte:

Tief durchatmen ... JA!

Es sind einige Dinge in diesem Jahr passiert, die nicht schön waren. Das schlimmste war der Schlaganfall meines Vaters. Ich denke an dich, Papi!

Eben wollte ich nachblättern, welches Kapitel mir hierzu helfen könnte. Aber Kapitel XIII. ist ja noch nicht geschrieben. Hier kommt mir der Satz eines Kollegen in den Sinn: Trainer kennen die Welt, aber ihnen nützt es nichts.

Na ja, der Kollege war betrunken.

Letztes Jahr habe ich diesen schönen Ort verlassen, mit einem Gefühl von Stolz und innerer Befriedigung, meinen Plan endlich begonnen zu haben. Ich wollte gleich im Januar weiter an meinem Buch schreiben, dann im Februar, im März ...

Heute haben wir den 2. Dezember. Ich komme Ihnen jetzt nicht mit guten Ausreden. Was hatte ich denn unter Kapitel „Tu es" behauptet?

Hah!, ich habe den passenden Satz gefunden:

„Fürchte dich nicht, langsam zu gehen, fürchte dich nur, stehen zu bleiben."

Ich muss schon sagen, ein gutes Buch.

Wieder ganz alleine am Ellenbogen – wer hat eigentlich das Foto gemacht?

So, nun bin ich in der Stimmung weiter zu schreiben. Es bringt mir Spaß!

IX. Ich weiß, wie ein Kippschalter funktioniert, kann aber kein Griechisch

Am 22. Dezember sind wir auf SAT1. Welch wunderbar arroganter Einstieg.

Mit www.berufsweg.de haben wir uns dieses Jahr einen kleinen Namen gemacht. Es geht in diesem Internetportal um die zweitwichtigste Frage des Lebens.

Welcher Beruf passt zu mir oder worin besteht die Aufgabe meines Lebens? Oder noch einfacher ausgedrückt: Wer bin ich? Was kann ich? Was will ich werden?

Sie wollen wissen, wie die wichtigste Frage lautet? Keine Ahnung.

Er hieß Frank, war Maschinenbaustudent im letzten Semester und mein erster Kandidat für eine Karriereberatung. Er widersprach dem Vorurteil eines humorlosen Ingenieurs und zitierte Helmar Nahr als Eingangssatz seines Bewerbungsschreibens:

„Als gebildet wurden mir immer Leute vorgestellt, die Latein oder Griechisch konnten, in die Oper gingen und Jahreszahlen wussten. Die Vorgänge in einem Kippschalter waren ihnen allerdings ein Mysterium."

Ergänzt wurde das Zitat mit seinen Worten:

„Ich weiß, wie ein Kippschalter funktioniert, kann aber kein Griechisch."

Frank rief mich Jahre später an, er hatte mittlerweile dreimal die Firma gewechselt und war jetzt dort angekommen, wo er sich wohl fühlte. So läuft das Leben. Man überwindet sich, lernt jemanden kennen, der kennt wieder einen usw. Wichtig bei diesem Spiel ist, dass man immer wieder reflektiert, ob man/frau mit dem Beruf – und das ist oftmals noch wichtiger – mit dem Umfeld zufrieden ist. Meine Schwester, sie ist Realschullehrerin in Düsseldorf, sagte mir einmal: *„Das Schlimmste sind die Pausen"*. Jetzt sitzt sie im Lehrerzimmer zum Glück drei netten Kolleginnen gegenüber. Dafür musste sie auch einmal die Schule wechseln.

Ein Beispiel noch – vielleicht trifft es auf Sie andeutungsweise zu:

Morgens um acht fordert der schlecht gelaunte Chef ungeduldig seinen Kaffee. Eine Viertelstunde später nervt der unsympathische Kollege mit seiner Materialbestellung. Kurz danach will ein anderer Kollege – der eigentlich nett ist – Briefe ausgedruckt und versendet haben. Noch vor der Frühstückspause haben Sie die Nase voll.

Obwohl Arbeit gut für das Girokonto ist und uns einen Platz in der Gesellschaft sichert, gehen nur wenige begeistert ans Tagewerk. Unterm Strich verbringen die meisten ein Drittel des Lebens mit langweiliger, sinnloser oder stressiger Arbeit und zusammengebissenen Zähnen. Es gibt auch Ausnahmen: Wissenschaftler auf der Suche nach einem rettenden Impfstoff, Maler, die von früh bis spät in ihrem Atelier Leinwände füllen. Sie werden von Neugier und Lust derart beflügelt, dass sie häufig „Flow"-Gefühle haben – Sie erinnern sich?

Ihr Geheimnis: Sie setzen sich selbst Ziele, statt sich in Abhängigkeiten zu fügen. Außerdem sehen sie Dinge nicht ausschließlich erfolgsorientiert. Sie arbeiten, weil die Tätigkeit vorhandene Fähigkeiten trainiert und persönliches Wachstum ermöglicht. Wenn ich den letzten Satz noch einmal lese, klingt das vielleicht ein bisschen zu abgehoben.

Einfacher ausgedrückt: Es war einmal ein Mensch Namens Joe. Ein einfacher Arbeiter.

Er war Quasi-Analphabet und hatte mit Anfang 60 noch einen stupiden Fabrik-Job. Weil er im Lauf der Jahre jedoch jede Maschine „durchschauen" sowie reparieren gelernt hatte, avancierte er so auf seine alten Tage zum gefragten Spezialisten.

Zugegeben, Sekretariats-Arbeiten sind nicht immer prickelnd. Mit der Joe-Methode können Sie aber leicht mehr daraus machen. Der Job bekommt mehr Sinn, wenn Sie sich sensibel um Kollegen und Kunden kümmern. Wenn Sie sich Kontrolle über Arbeitsabläufe verschaffen, nimmt damit das Gefühl der Fremdbestimmung ab.

Warum nicht einfach durch Zusatzkurse oder Fach-Lektüre Ihre Königsdisziplinen erschaffen und damit glänzen?!

Mark Twain sagte einmal sehr treffend:

»Je mehr Vergnügen du an deiner Arbeit hast, desto besser wird sie bezahlt.«

Mancher Leser hofft an dieser Stelle: Liest auch mein Chef dieses Buch?!

Selbstredend ist auch das liebe Geld ein Baustein unserer Zufriedenheit. Schulden zu haben, hat wohl noch nie jemanden so richtig glücklich gemacht. Nur – wie viel Geld brauche ich? Was muss ich dafür tun und opfern? Ist es der Armani-Schal, das große Auto, das Haus, die eigene Wohnung ...

Diese profanen Fragen wurden tausende Male gestellt und reduzieren sich auf eine schlichte Erkenntnis: Viele Dinge sind schön, aber nicht lebensnotwendig. Wie viele Dinge es wohl gibt, die ich nicht brauche, Sie erinnern sich? Noch einmal liebe Grüße von Sokrates.

Was nützt mir die tollste Partnerschaft, wenn ich abends schlecht gelaunt von der Arbeit komme?
Morgens aus dem Haus gehen und abends positiv gestimmt dem Partner von der Arbeit erzählen: Klingt nach einem Reklamefilm aus den Sechzigern – sollte aber das Ziel sein.

Geld, Macht, Statussymbole, Karriere, Aufstieg. Welchen Stellenwert hat das für mich?

Das zweitnördlichste Haus Deutschlands. Für 6 Millionen Euro zu haben.

Beantworten Sie sich diese Frage. Welche Opfer erbringe ich dafür? Stehen die Opfer in einem gesunden Verhältnis zum Ergebnis? Jeder muss sich diesen Fragen irgendwann stellen.

Ich lasse den geneigten Leser jetzt einen Moment alleine …

(so bekomme ich das Buch auch voll …)

Na, haben Sie sich selbst geantwortet? Sind Sie zufrieden? Das wäre schön!

Eben rief mich ein Kunde/Sponsor auf dem Handy an. Ich hatte vergessen es auszuschalten. Er berichtete mir, dass ein anderer Sponsor gedenkt zu kündigen. Ich hatte mir schon so etwas gedacht. Dem Ziel von der Sinn gebenden Gelassenheit war ich in diesem Moment Meilen entfernt. Aber ganz ehrlich: Nach ca. 30 Minuten – ich hatte das Problem intensiv durchleuchtet – sah ich in diesem Umstand eine neue Chance. Ich möchte Sie an dieser Stelle nicht mit Einzelheiten langweilen. Wenn ich von diesem Gedankenprozess 50 % Selbstlüge abziehe, komme ich zu einer beruhigenden Bilanz.

Warum stellte sich bei mir innerhalb dieser kurzen Zeit Gelassenheit ein? Jetzt bin ich schon mein eigenes „Versuchskaninchen“.

Ich bin gelassen, weil mir in diesen wenigen Minuten klar geworden ist, dass es Wichtigeres gibt. Zum Beispiel, dieses Buch hier zu schreiben. Ich hatte mich für ein Jahr verabschiedet. Das Geniale aber ist, und das weiß ich in diesem Moment: Man kann da anknüpfen, wo man aufgehört hat.

Da weiterlaufen, wo man schon war!

„Individuum kommt von Individualität". So leite ich manchen Vortrag zum Thema Selfmarketing ein. Nicht gerade weltbewegend, aber immerhin.

Menschen, die ihre Individualität weder erfahren noch ausgelebt haben, sind – mal ganz gemein gesagt – arm dran. Kommen Sie mir jetzt bitte nicht mit den Lebensumständen. Wenn ich alles als von außen gegeben annehme, nichts ausprobiere, ja dann ...

Erfolgreiche Menschen sind immer ganz sie selbst. Sie spielen keine Rolle, sie sind authentisch. Deshalb wird Guido Westerwelle auf Dauer auch nicht erfolgreich sein.

Abschließend eine, wie ich finde, wunderbare Geschichte. Erlebt an der Hauptschule Bremervörde. Ein sechszehnjähriger Schüler, dessen große Freude darin bestand, bei einer kleinen Werkstatt für landwirtschaftliche Geräte zu jobben, legte mir seine Bewerbungsmappe vor. Im Zeugnis standen vier 5en, sechs 4en und eine 1. Die 1 natürlich in Sport. Zusätzlich lag noch das Praktikantenzeugnis bei. Hier stand sinngemäß: „Herr ... macht seine Arbeit absolut tadellos. Wenn er sich in der Berufsschule mal zusammenreißt, schafft er auch seine Ausbildung ..."

Ich riet ihm, dieses Zeugnis in seiner Bewerbung obenauf zu legen und seine Mutter zu bitten, ihn zu allen Kfz-Werkstätten in den nahegelegenen Kommunen zu fahren. Ein paar Wochen später erhielt ich seinen Anruf:

„Herr Grewe, ich hatte zwei Angebote – eines habe ich abgelehnt!"

Eigentlich war der Plan, wenn es ihn denn gegeben hat, hier wesentlich mehr zu schreiben. Aber es wurde schon alles Wichtige gesagt. Hugh – ich habe gesprochen.

TIPP: SUCHE DEINE TRAUMAUFGABE!

- ☐ Lohnt sich, darüber nachzudenken.

- ☐ Mein Lieblingszitat:

- ☐ Mein Impuls/Kommentar:

Kreativität • Gebildet • Statussymbole • Macht • Arbeit Beruf • Aufgabe • Geld • Goldener • Mittelweg • Erfolg Aufstieg • Karriere • Erfahrung • Meister • Außerordentliches Brennen • Unwissenheit

»Kreativität ist die Eintrittskarte in die Zukunft.«

Norbert Stoffel

»Als gebildet wurden mir immer Leute vorgestellt, die Latein oder Griechisch konnten, in die Oper gingen und Jahreszahlen wussten. Die Vorgänge in einem Kippschalter waren ihnen allerdings ein Mysterium.«

Helmar Nahr

»Statussymbole sind das Spielzeug der Erwachsenen.«

Lothar Schmidt

»Nur das zu tun, was alle wollen, ist das Geheimnis jeder Macht.«

Johann Gottfried Kinkel

»Macht ist die einzige Lust, derer man nicht müde wird.«

Oscar Wilde

*»Je mehr Vergnügen du an deiner Arbeit hast,
desto besser wird sie bezahlt.«*

Mark Twain

»Arbeit gibt uns mehr als den Lebensunterhalt, sie gibt uns das Leben.«

Henry Ford

*»Das Wichtigste im Leben ist die Wahl des Berufes.
Meist entscheidet der Zufall darüber.«*

Blaise Pascal

*»Häufig leidet man daran, dass man zwar viel Arbeit,
aber keine Aufgabe hat.«*

Hellmut Walters

»Als der Teufel das Geld erfunden hatte, konnte er sich getrost zur Ruhe setzen.«

Werner Mitsch

»Endlich weiß ich, was den Menschen vom Tier unterscheidet: Geldsorgen.«

Jules Renard

»Man darf kein Träumer sein, wenn man sein Geld im Schlaf verdienen will.«

Werner Mitsch

*»Die meisten Menschen bewegen sich auf dem goldenen Mittelweg
und wundern sich, wenn er verstopft ist.«*

Hellmut Walters

»Der Erfolg hat viele Väter, der Misserfolg höchstens einen amtlich bestellten Vormund.«

Herbert Henry Asquith

*»Erfolg besteht darin, dass man genau die Fähigkeiten hat,
die im Moment gefragt sind.«*

Henry Ford I.

»Der Erfolgreichste ist im Leben der, welcher die beste Information besitzt.«

Benjamin Disraeli

*»Es gibt zwei Wege für den politischen Aufstieg:
Entweder man passt sich an oder man legt sich quer.«*

Konrad Adenauer

*»Angelegte Ellenbogen haben aerodynamische Vorteile.
Allerdings nicht, wenn es aufwärts gehen soll.«*

Gerhard Uhlenbruck

»Die Karriere ist ein Pferd, das bisweilen auch gute Reiter abwirft.«

James Baldwin

*»Glück gehört zur Karriere. Glück öffnet die Tür.
Doch jenseits der Schwelle wartet die Aufgabe – und die lösen nur Planung, Tatkraft und Führungskönnen.«*

Hellmuth Buddenberg

»Am sichersten macht man Karriere, wenn man den anderen den Eindruck vermittelt, es sei für sie von Nutzen, einem zu helfen.«

Jean de la Bruyere

*»Leute, die keinen Schuss Pulver wert sind,
werden auch nicht abgeschossen.«*

Gerhard Uhlenbruck

*»Erfahrungen sammelt man wie Pilze:
einzeln und mit dem Gefühl,
dass die Sache nicht ganz geheuer ist.«*

Erskine Caldwell

»Erfahrung ist fast immer eine Parodie auf die Idee.«

Goethe

*»Mangel an Erfahrung veranlasst die Jugend zu Leistungen,
die ein erfahrener Mensch niemals vollbringen würde.«*

Jean Duche

*»Wer einmal übers Ohr gehauen wurde,
der hört beim nächsten Mal besser.«*

Ernst R. Hauschka

»Wer nicht Meister sein will, muss eben Gesell bleiben und Vorgesetzte haben sein Leben lang.“

Gottfried Keller

*»Es hat noch niemand etwas Ordentliches geleistet,
der nicht etwas Außerordentliches leisten wollte.«*

Marie von Ebner-Eschenbach

»In dir muss brennen, was du in anderen entzünden willst.«

Heiliger Augustinus

*»Man muss schon etwas wissen, um verbergen zu können,
dass man nichts weiß.«*

Marie von Elbner-Eschenbach

X. Der Egoist duldet keinen Egoismus

»Am schwierigsten ist es, die Meinung geheim zu halten, die man von sich selbst hat.«

Dieses Zitat von Marcel Pagnol zwang mich zu einer längeren Denkphase. Trifft es auf mich zu? Wie sehe ich mich? Wo liegen meine Geheimnisse verborgen und vielleicht auch Abgründe?

Das ist jetzt sehr persönlich und ich bitte Sie, die folgenden Zeilen zu überspringen:

Vorweggenommen: Ich mag mich. Siehe Kapitel 1. Ich halte mich nicht für besonders intelligent. Mein Allgemeinwissen ist eher Mittelmaß. Angefangen bei Erdkunde. So schon erlebt in der fünften Klasse. Ich wollte meine Erdkundehausarbeit nicht machen und bin von zu Hause weggelaufen. Meine Mutter hat meine Abwesenheit leider nicht registriert. Als ich abends, es wurde kalt, wieder zu Hause war, hat sie mich lediglich gefragt, ob ich die Hausaufgaben fertig habe. Oder hat sie doch etwas bemerkt?

Ich bin recht faul. Wenn es um Technik geht, winken meine Kollegen müde ab, mein Sohn Momme bringt es auf den Punkt: Du bist einfach zu doof. Im Ausland verständige ich mich mehr durch Gesten, die meine Familie durch kompetente Übersetzungen entkräftet. Ich neige zur Harmoniesucht und bin tendenziell mehr ein Egoist. Ich kann gut in Menschen lesen, bin humorvoll, rhetorisch gewandt und kann über mich selbst lachen. Ich glaube, dass mich meine Freunde durchschauen und das ist auch gut so.

Sie haben ja doch weitergelesen ...

Über dieses Bild denke ich noch immer nach.

Karl Carstens spricht mir aus dem Herzen:

»Nur wer sich sicher fühlt, ist tolerant.«

Wer trotz aller eigenen Schwächen seinen Mittelpunkt kennt, ist bereit, nachzugeben und Dinge zu übersehen.

Toleranz macht das Leben leichter. Streiten ist anstrengend, aber nicht immer vermeidbar. Manchmal sogar gewinnbringend. Dem stimmen vermutlich die meisten von Ihnen zu.

Spannend in diesem Zusammenhang ist die Antwort auf die Frage, warum die meisten Ehen geschieden werden. In einem wortgewaltigen Artikel im Spiegel durfte ich es erfahren. Viele Ehen werden gelöst, weil die Eigenarten des anderen nicht toleriert werden. Im Gegenteil: Sie versuchen ein Leben lang, den Partner zu formen. Das schließt auch die Form der berühmt-berüchtigten Zahnpastatube mit ein.

Der zweite Hinweis für die Trennungshintergründe scheint auch nicht unwichtig:

„Sei stolz auf deinen Partner!"

Wann haben Sie Ihrem Partner das letzte Mal gesagt, wie sauber die Weingläser sind? Ich neige dazu, mich nicht ernst zu nehmen. Ich muss aufpassen.

Nicht nur Paare dürfen diese zwei Regeln beachten. Auch die Führungsriegen der Unternehmen tun gut daran, diese Erkenntnis nicht nur als Floskel in der Unternehmensphilosophie abzudrucken. Respektiere den anderen, so wie er ist und zeige ihm, dass er dir wichtig ist.

Toleranz kann aber auch das unbehagliche Gefühl sein, der andere könne am Ende vielleicht Recht haben. Eine verräterische Mischung aus Bequemlichkeit, einem Anfall leichter Arroganz und Vorsicht. Ich senke an dieser Stelle in Demut mein Gesicht vor meinem Spiegelbild.

Fehlende Toleranz führte bei einer Kollegin von mir letztendlich zur Kündigung. Roswitha Bürste – der Name ist natürlich frei erfunden – fand damals die Sprache der Jugend und konnte mit einem derben Witz die Schüler von ihrer Meinung überzeugen. Sie wusste, was sie wollte und wollte das auch immer. Auch im Lehrerzimmer hatte sie ihre klare Meinung. Das war schlecht für diejenigen, die dem Irrtum unterlagen, pädagogische Maßnahmen richtig einzuschätzen. Roswitha machte es sich zur ehrenvollen Aufgabe, den Lehrkräften die Welt zu erklären. Überraschenderweise bestand aber kein Bedarf an ihren Erklärungen. Zunehmend riefen Schulen mit nicht schönen Worten bei mir an. Das Kündigungsgespräch erfolgte dann bei kaltem Kaffee und trotz Harmoniebedürfnis.

Obwohl Roswitha ihr Problem bewusst war, konnte sie einfach nicht anders. Hier besteht das Dilemma. Viele können den Mund nicht halten. Sagen zur falschen Zeit das Richtige. Verzweifeln an der Meinung der anderen. Ob Toleranz erlernbar ist? Mit viel Selbstdisziplin wohl bis zu einem gewissen Grad.

Sicherlich: Wenn ich meine Toleranz übertreibe – wie auch alle anderen Eigenschaften – so kehrt sich die Stärke zur Schwäche. Sie wird zum Verrat der eigenen Meinung. Der Kompromiss ist hier oft ein guter Verbündeter.

Ludwig Erhard war hierin meisterhaft:

»Ein Kompromiss, das ist die Kunst, einen Kuchen so zu teilen, dass jeder meint, er habe das größte Stück.«

Wie viele Stück Kuchen haben Sie schon verteilt?

Lassen Sie mich als gelerntem Diplom-Ökonomen ein Drei-Phasen-Modell aufzeigen.

In vorurteilsfreien Schubladen einsortiert, durchläuft die Toleranzfähigkeit der homo sapiens drei Stufen.

In der Jugend endet die Toleranz schon bei der Bitte der Mutter, wieder die Farbe des Teppichs sehen zu wollen. In der Mitte des Lebens schmieden uns die leidlichen Erfahrungen und die nachlassende Kraft zu toleranteren Menschen, um dann im letzten Drittel mit ungeduldigem Blick an der Edeka-Kasse auf die zügige Rechnung zu bestehen. Man habe ja schließlich nicht den ganzen Tag Zeit.

Ein wenig mehr Bescheidenheit, ein bisschen Geduld, nicht immer alles besser wissen und dennoch für seine Ideale kämpfen. Das geht. Nicht immer, aber oft.

Entschuldigen Sie den Sprung. Eben kommt mir ein ganz anderer Gedanke. Liegt es am heutigen Kaffeekonsum? Eine Frage ging mir blitzartig durch den Kopf. Es hat seit Stunden gestürmt und geregnet.

Kein Tropfen ist gleich!

Die Sonne bricht durch die Wolkendecke. Bin ich jetzt abergläubisch? Natürlich bin ich das. Glaubt mir der Leser das hier? Egal. Was ist der Sinn des Lebens? Ich möchte eine Antwort.

Wenn ich sie jetzt und hier aufschreibe, habe ich es für mich geschafft. Meine eigene Lösung für das weitere Leben. Ist sie allgemeingültig? Ich weiß es nicht.

Der Sinn des Lebens ist:

Meistens glücklich zu sein. Nicht auf Kosten anderer. Aber einfach nur glücklich. Anderen zu helfen, erscheint mir hierbei wichtig. Welch ein befreiendes Gefühl.

Und wie erreiche ich das? Ich finde die „Bausteine“ meines Lebens, die ich beherrsche, und erfreue mich bewusster an ihnen. Alles, was ich noch erreichen will, schreibe ich auf. Ich muss realistisch sein. Gewisse Dinge kann ich nicht verändern. Hier verplempere ich nicht meine Zeit. Dazu fehlt mir die Kraft, die Begabung, das Durchhaltevermögen. Also muss ich herausfinden, was ich bewirken kann und mich an dem Resultat erfreuen!

Mein persönliches Ergebnis ist: Ich werde Vorträge halten an schönen Orten und mit einem dankbaren Publikum.

Diese Vorstellung gefällt mir. Dort werde ich dieses Buch verschenken – oder sogar verkaufen?!

Ja, so einfach ist das!

Welchen Tipp darf ich Ihnen abschließend geben? Wie könnte Ihre Lösung aussehen? Sie erinnern sich schemenhaft: das Thema war Toleranz.

Was kann ich beeinflussen, was will ich verändern?

Als Anhänger einfacher Regeln ergeben sich für mich drei Ebenen:

I. Der erste Bereich ist das Leben an sich. Das sind die Naturgesetze. Sie sind außerhalb unserer Einflussmöglichkeit. Ob groß, klein, reiche oder arme Familie, schöne oder unschöne Kindheit … Es gibt Geschenke und es gibt vermeintliche Strafen.

II. Die zweite Ebene findet sich im Leben der anderen. Sie sind da, sie sind wie sie sind. Ich kann sie verlassen, sie lieben, sie hassen, sie verfluchen, sie bewundern.

III. Und drittens ihr eigenes Leben, …

Meine Botschaft lautet:
Kümmern Sie sich einzig und allein um die Ebene III.

Es ist mein Leben.

Bitte den letzten Satz nicht fehldeuten. Das heißt nicht, dass Ihnen die Sorgen und Nöte der anderen egal sind.

Im Gegenteil. Anderen zu helfen, kann einen großen Part Ihres Lebens einnehmen. Nur muss das Ihr „eigenes Leben" sein und nicht der Wunsch der anderen!

Lassen Sie es nicht zu, dass die anderen uns dazu bringen, dass wir uns ärgern. Über Ihre Ungerechtigkeit, Gefühlskälte, Rücksichtslosigkeit, Illoyalität, Kompromisslosigkeit. Denn dann haben sie Macht über uns!

Sie können gewiss sein, am Ende unseres Lebens, wenn wir auf dem Sterbebett liegen und die berühmte Bilanz erstellen, wird es wie Bittermandel schmecken, dass wir zuviel Kraft und Zeit verschwendet haben, uns zu ärgern und es den anderen in den unglaublichsten Phantasien heimzuzahlen. „Wir werden den Spieß umdrehen, der wird schon sehen, das macht der nicht noch mal, das kann ich auch ...".

Stehen Sie schon jetzt darüber und nicht erst wenn alles vorbei ist. Lassen Sie das „Gift für Ihre Seele" nicht zu. Oder verwenden Sie es wenigstens zu medizinischen Zwecken.

TIPP: SEI TOLERANT!

- [ ] Lohnt sich, darüber nachzudenken.

- [ ] Mein Lieblingszitat:

- [ ] Mein Impuls/Kommentar:

Vorurteil • Meinung • Egoist • Streit • Verständnis Überzeugen • Takt • Ungerechtigkeit • Richtiger Zeitpunkt Standpunkt • Tugend • Verhandlungstaktik • Kompromiss Ideologen • Weltverbesserer • Toleranz • Vertrauen Respekt • Geduld • Abneigung • Verallgemeinerung Veränderung • Kritik

»Es ist schwieriger eine vorgefasste Meinung zu zertrümmern als ein Atom.«
Albert Einstein

*»Am schwierigsten ist es die Meinung geheim zu halten,
die man von sich selber hat.«*
Marcel Pagnol

»Meinung wird letztlich durch Gefühle und nicht durch den Intellekt bestimmt.«
Herbert Spenger

»Wir finden nur die verständig, die unserer Meinung sind.«
La Rochefoucauld

»Der Egoist duldet keinen Egoismus.«

Joseph Roux

»Wir finden drei Gründe für den Streit in der menschlichen Natur: erstens Konkurrenz, zweitens Mangel an Selbstvertrauen, drittens Ruhmsucht.«

Thomas Hobbes

»Wer Streit sucht, kann in der Wahl seiner Worte nicht unvorsichtig genug sein.«

Werner Mitsch

»In Wahrheit streiten sich die Menschen nicht über die Dinge – die sind, wie sie sind – sondern über die Meinungen, die sie von den Dingen haben.«

Robert Muthmann

»Wer seine Gedanken nicht aufs Eis zu legen versteht, soll sich nicht in die Hitze des Streites begeben.«

Friedrich Wilhelm Nietzsche

»Alles verstehen, heißt alles verzeihen.«

Theodor Fontane

»Jemand, der ganz Unrecht hat, ist leichter zu überzeugen als einer, der zur Hälfte Recht hat.«

Ralph Waldo Emerson

»Takt besteht darin, zu wissen, wie weit man zu weit gehen darf.«

Jean Cocteau

»Takt ist die Fähigkeit, andere so darzustellen, wie sie sich selbst gern sehen.«

Abraham Lincoln

»Autorität und Vertrauen werden durch nichts mehr erschüttert als durch das Gefühl, ungerecht behandelt zu werden.«

Theodor Storm

»Das Wissen um den richtigen Zeitpunkt ist der halbe Erfolg.«

Maurice Couve de Murville

*»Der Standpunkt macht es nicht,
die Art macht es, wie man ihn vertritt.«*

Theodor Fontane

*»Tugend besteht nicht in der Abwesenheit der Leidenschaften,
sondern in deren Kontrolle.«*

Josh Billings

*»Mut und Bescheidenheit sind die unzweideutigsten Tugenden, denn sie
sind von der Art, dass Heuchelei sie nicht nachahmen kann.«*

Goethe

*»Die Tugenden verlieren sich im Eigennutz,
wie sich die Flüsse im Meer verlieren.«*

La Rochefoucauld

*»Tugend erregt keinen Neid; vielleicht deshalb,
weil sie oft nur Furcht vor übler Nachrede ist.«*

Lothar Schmidt

*»Gute Verhandlungstaktik besteht darin,
die Antworten zu provozieren,
die man haben will.«*

Hans Habe

*»Ein Kompromiss, das ist die Kunst, einen Kuchen so zu teilen,
dass jeder meint, er habe das größte Stück.«*

Ludwig Erhard

*»Zustimmen, das heißt gewöhnlich:
würdevoll nachgeben.«*

Lothar Schmidt

*»Ideologen sind Menschen, die glauben,
dass die Menschheit besser ist als der Mensch.«*

Italo Svevo

»Weltverbesserung fängt zu Hause an.«

Pearl S. Buck

*»Der Jammer mit den Weltverbesserern ist,
dass sie nicht bei sich selber anfangen.«*

Mark Twain

*»Toleranz ist das unbehagliche Gefühl,
der andere könne am Ende vielleicht doch Recht haben.«*

Robert Lee Frost

*»Toleranz heißt: die Fehler der anderen entschuldigen. Takt heißt:
sie nicht bemerken.«*

Arthur Schnitzler

*»Übertriebene Toleranz ist immer ein
wenig Verrat an der eigenen Meinung.«*

Werner Mitsch

*»Toleranz will gelernt sein. Am besten fängt man damit an,
Nachsicht gegen sich selbst zu üben.«*

Robert Muthmann

»Toleranz ist eine beliebte Eigenschaft der Nichtbetroffenen.«

Lothar Schmidt

»Nur wer sich sicher fühlt, ist tolerant.«

Karl Carstens

*»Nichts ist schwerer, als den gelten zu lassen,
der uns nicht gelten lässt.«*

Marie von Ebner-Eschenbach

*»Vertrauen wird dadurch erschöpft,
dass es in Anspruch genommen wird.«*

Bertholt Brecht

»Vertrauen ist gut – Kontrolle ist besser.«

Lenin

»Vertrauen ist der Mut, sich über die Erfahrung hinwegzusetzen.«

Norbert Stoffel

»Die Jugend hat Respekt vor dem Alter, allerdings nur beim Wein, Whisky und alten Möbeln.«

Truman Capote

»Denken ist das, was viele Leute zu tun glauben, wenn sie lediglich ihre Vorurteile neu ordnen.«

William James

»Geduld ist die Kunst zu hoffen.«

Friedrich Ernst Daniel Schleiermacher

»Weniges auf dieser Welt verbindet so stark wie gemeinsame Abneigung gegen einen Dritten.«

Rene Clair

»Intellektuelle Verallgemeinerungen sind interessant, aber moralische Verallgemeinerungen bedeuten absolut nichts.«

Oscar Wilde

»Wer festhält, was verändert werden muss, der verliert alles.«

Norbert Blüm

»Wenn wir wollen, dass alles so bleibt, wie es ist, müssen wir zulassen, dass sich alles verändert.«

Guiseppe Tomasi di Lampedusa

»Wer auf seinen Rang pocht, hat ihn schon eingebüßt und fühlt es.«

Max Rynchner

*»Die Kritik gleicht einer Bürste.
Bei allzu leichten Stoffen darf man sie nicht verwenden,
denn sonst bliebe nichts mehr übrig.«*

Honore de Balzac

XI. Ein Mensch ohne Lächeln sollte keinen Laden aufmachen

Kennen Sie Pfeffernüsse? Na, diese weißen Lebkuchenkekse. Heute beim Frühstück hatte ich ein Erlebnis, welches wunderbar zu dem heutigen Kapitel passt. Langsam wird es unheimlich. Wo ist Kurt Felix?

Für die einsame und lange Reise an den „Ellenbogen“ auf Sylt hatten mir meine Kinder einen Adventskalender mit auf den Weg gegeben. Meine Tochter Merle hatte liebevoll jedes Päckchen mit Sternen, Glöckchen, Zimt und anderen Dingen, die ich noch nie gesehen hatte, verziert. Hierzu muss ich erwähnen, dass ich nur noch drei Scheiben Toast hatte, großen Hunger und am Tag zuvor extra zu famila gefahren war – nach Edeka jetzt schon der zweite Hauptsponsor meines Buches – um mir Pfeffernüsse zu kaufen. Im Regal lagen nur Familienpackungen; ich war zu geizig und legte die Tüte wieder ins Regal. Viele Gedanken verschwendete ich im nach hinein auf diesen für mich unglücklichen Entscheidungsprozess. Und was war heute Morgen ... Ich habe laut gelacht!

In diesen Momenten lösen sich viele Dinge und manches wird einem bewusst. Lachen bringt es auf den Punkt. Dieses Lachen mit sich selbst ist ein seltenes Lachen.

Lachen, damit es einem besser geht und man die schlechten Dinge verdrängt oder vergisst. Lachen, weil es einfach nur gerade schön ist. Lachen, weil es nichts mehr zu lachen gibt. Lachen, weil es lächerlich ist.

Wilhelm Raabe findet die passenden Worte:

»Humor ist der Schwimmgürtel auf dem Strom des Lebens.«

Manche mögen diesen Schwimmgürtel verloren haben und müssen mit einem schlaffen Armring auskommen. Andere wiederum schwimmen so weit oben, dass man ihr Lachen schon nicht mehr ertragen kann.

Viele Wege gibt es zur Stimulierung unserer Gesichtsmuskeln. Fast jeder Weg sei akzeptiert. So die Praxis meines Freundes aus der achten Klasse. Frank konnte keine Witze erzählen, ich allerdings auch nicht. Sobald sein Witz geendet hatte, und dieses fiel nur Frank auf, musste er als erster lachen. So überzeugt von seinem grandiosen Witz, dass wir immer mitlachen mussten. Er hätte auch sagen können: Ich trage eine Khakihose. Urkomisch.

Ja, ja, das kann man sich natürlich nur vorstellen, wenn man Frank kannte ...

Warum fühle ich mich heute eigentlich so wohl bei diesem Thema? Ich glaube, das Lachen bestimmt mein Leben. Wieder so ein Moment des Innehaltens. Vielen Dank!

Ein Lachforscher konstatierte einmal:

Es verbindet nichts mehr als ein gemeinsames Lachen. Vielleicht noch etwas anderes, aber das gehört nicht in dieses Buch. Wenn ich meine geschäftliche Laufbahn Revue passieren lasse, komme ich zu einer elementaren Erkenntnis: Alle Geschäftsbeziehungen, die mit einem echten gemeinsamen Lachen und mit ehrlicher gegenseitiger Zuneigung beseelt waren, halten noch heute.

Was ich mit einem „echten Lachen" meine? Hierzu eine vielleicht auf den ersten Blick etwas unpassende Geschichte:

Für die HASPA – Sie kennen die größte Sparkasse Deutschlands? – durfte ich ein Assessment-Center-Training geben. Sie erinnern sich? So eine Art Training, in denen man lernt, Stressinterviews zu überleben, Begeisterungsreden z. B. über „Schokolade essen" hält und versucht, in einer Gruppendiskussion sich als „heimlicher" Chef zu positionieren.

Ein blendend aussehender, erfolgsgewohnter junger Mann, so um die dreißig, begeisterte uns mit einem Vortrag, in dem er aus seiner Zivildienstzeit berichtete. Dort lehrte er einem autistisch veranlagten und behinderten Kind, die Straße zu überqueren. Die Zuhörer waren ergriffen. Ich nicht.

Hätte er nicht so selbstbewusst auf der Tischecke gesessen, die Beine lässig übereinander geschlagen und am Ende so selbstzufrieden gelächelt, ich hätte mich seiner Sekte angeschlossen.

Das Lachen und die Echtheit der Gefühle erkennt Mann, nein, ich korrigiere mich, eher Frau in den Augen. Damit hätte ich jetzt also 50% meiner Leser verloren. Wenn jede Frau jetzt aber ihrer Freundin von diesem Buch begeistert erzählt, dann ... Ja, so kommt Mann vom Thema ab.

Das Lachen in den Augen ...

Also, es ist so. Frauen verfügen über eine höhere emotionale Intelligenz als wir Männer. Das ging in der Evolution schief. Der weibliche Part dieser Welt würde jetzt die Liste noch gerne ergänzen. Emotionale Intelligenz heißt ganz einfach: Zu erkennen, was der andere fühlt. Eine enorme Hilfe im Leben. Und dieses Erkennen endet nicht nur, wenn man merkt, dass die andere Dame zwischenzeitlich auf die Uhr sieht.

(Gerade lese ich nach, dass ich über emotionale Intelligenz ja schon geschrieben habe, ich werde älter – ist aber ja auch schon ein Jahr her ...)

Beim unechten, aufgesetzten oder erzwungenen Lachen leide ich mit. Nicht verletzen wollend, lache ich dann auch. Gerne würde ich in diesem Moment mein Lachen sehen.

Nein. Dann besser ernst bleiben. Oder einfach nur ironisch?

»*Ironie heißt fast immer, aus einer Not eine Überlegenheit machen.*«
Thomas Mann

Sie kennen diese Nöte? Filmreife Dialoge wie:

„Erinnerst du dich noch an dieses humorlose Huhn aus unserem Studium …?" Die Kamera schwenkt auf den anderen. Das Gesicht in Großaufnahme, offener Mund, die Augen flackern von links nach rechts, eine lange Pause, leichter Speichelfluss … „Ich habe sie geheiratet." Schwer, da weiterzumachen.

Er zieht einen Socken aus, blickt auf zwei große Löcher: „Wir müssen unbedingt mal wieder Tante Klara anrufen." Der Ruf der Frau aus dem Badezimmer. „Sie ist seit drei Jahren tot."

Hier kann man nur noch mit Selbstironie weitermachen. Wenn es überhaupt noch eine Chance gibt.

Wäre da abschließend noch die garantiesicherste Beanspruchung der Lachmuskeln.

Die älteren unter Ihnen – Moment mal, das bin ja ich – kennen noch die guten alten Zeiten von Raumschiff Enterprise, Ilja Richter, Catweazle. Aber auch Bugs Bunny, Paulchen Panther und selbstverständlich Dick und Doof.

Ob Hase, Panther oder Stan Laurel, alle nutzten für sich die reinste aller Freuden.

»*Schadenfreude ist die reinste Freude. Selbst die meisten Witze leben von der Schadenfreude. Eine traurige Wahrheit!*«
Lothar Schmidt

Wirklich traurig ist für mich an dieser Wahrheit nur, dass es meistens einen Dummen geben muss. Schön ist aber, dass es in diesem Moment nicht ich bin, sondern Roadrunner oder Inspektor Clouseau.

Mein Lieblingswitz – in diesem Fall ist es eine Zeichnung von Uli Stein – verhüllt auch ein Quentchen Schadenfreude. Dutzende Male habe ich deinen außergewöhnlichen Witz – Uli, wir duzen uns doch – bei Vorträgen als meinen Humor verkauft. Komme mir jetzt bloß nicht mit Urheberrecht.

Zwei Kinder stehen vor ihrer verzweifelten Mutter. Die Mutter sagt: Alles, was ich mir zu Weihnachten wünsche, sind zwei brave Kinder. Der Junge und das Mädchen sehen sich entgeistert an und sagen: Dann wären wir ja zu viert im Kinderzimmer, kommt überhaupt nicht in Frage!

Das Phänomen „Lachen" kann man letztlich auch aus dem biologischen Blickwinkel betrachten. Stellen Sie sich vor den Spiegel. Betrachten Sie Ihr komisches Gesicht. Setzen Sie die 16 Muskeln um den Mund herum in Bewegung. Es ist biologisch erwiesen, dass Sie dann positive Prozesse in Ihrem Hormonhaushalt auslösen.

Also, je blöder Sie aussehen, desto witziger wird Ihr Leben. Wieder habe ich ein paar Leser verloren. Ich sehe schon, am Ende lese ich dieses Buch meinem Hund Dusty vor.

Beim Lachen erkennt man allerdings auch sein Doppelkinn.

Lachen ist eine Lebenseinstellung!

Mein profaner und dennoch so wichtiger Tipp an Sie – wenn Sie nicht schon ein lachender Mensch sind:

Lachen Sie mehr. Finden Sie Situationen im Alltag, über die es sich lohnt zu lachen. Lachen Sie mit Menschen, die Ihnen etwas bedeuten. Lachen Sie über sich selbst. Aber bitte bedauern Sie sich nicht.

Sind Sie ein lachendes Wesen? Dann seien Sie dafür dankbar!

TIPP: LACHE!

- ☐ Lohnt sich, darüber nachzudenken.

- ☐ Mein Lieblingszitat:

- ☐ Mein Impuls/Kommentar:

Humorlosigkeit • Humor • Schadenfreude • Ironie Überschätzen • Lachen • Lächeln

»Spitzenmanager zeichnen sich aus durch langsames Sprechen, eindruckvolles Auftreten und völlige Humorlosigkeit.«

Johnson O'Connor

»Humor ist: mit einer Träne im Auge lächelnd dem Leben beipflichten.«

Friedl Beutelrock

»Humor ist der Schwimmgürtel auf dem Strom des Lebens.«

Wilhelm Raabe

»Humor ist der Knopf, der verhindert, dass uns der Kragen platzt.«

Joachim Ringelnatz

»Schadenfreude ist die reinste Freude.
Selbst die meisten Witze leben von der Schadenfreude. Eine traurige Wahrheit.«

Lothar Schmidt

»Ironie ist das Körnchen Salz, das das Aufgetischte überhaupt erst genießbar macht.«

Goethe

*»Ironie heißt fast immer,
aus einer Not eine Überlegenheit machen.«*

Thomas Mann

*»Wir unterschätzen das, was wir haben,
und überschätzen das, was wir sind.«*

Marie von Ebner-Eschenbach

*»Beobachten und lachen sind die wichtigsten Tätigkeiten,
die man ausüben kann. Das eine ergibt sich aus dem anderen.«*

Jacques Tati

*»Die bloße Möglichkeit, Lachen als Waffe einsetzen zu können, zeigt,
dass im Lachen die Idee der Macht eingeschlossen ist.«*

Harald Höffding

»Ein Mensch ohne Lächeln sollte keinen Laden aufmachen.«

Chinesisches Sprichwort

XII. Ein Onkel, der Gutes mitbringt, ist besser als eine Tante, die bloß Klavier spielt

Lieben Sie Ihre Tante? Wo beginnt Liebe? Wie echt ist die Liebe? Wie lange hält die Liebe?

Liebe als das große Thema unseres Lebens. Die Anzahl und Inhalte der Zitate im Anschluss werden Sie womöglich überraschen. Es gäbe tausende Aussprüche zur Liebe. Das erschien mir aber zu langatmig. Die Länge dieses Kapitels entspricht nicht der Tragweite des Themas.

Aber eigentlich wurde durch die Pfeffernussgeschichte schon alles gesagt.

Die Liebe zu der Familie, dem Partner, den Kindern nimmt den größten Platz in unserem Leben ein. Es ist einfach zu banal, zu wichtig, zu oft schlecht und recht besungen. Der Reiz ist irgendwie verloren.

Jeder Mensch braucht Liebe und natürlich Freunde – basta.

Mein 50'er bei Gosch – mit echten Freunden – er wird noch lange in meiner Seele baumeln.

Tante, Onkel, Schwager ... Familie kann auch eine Strafe sein ...

Mit Loriots Worten wird der Gütegrad der Liebe auf den Punkt gebracht: „Ein Klavier, ein Klavier – wir danken dir."

Diese endlos langen Minuten, wenn man neben der Tante sitzt, mit der man schon als Kind nicht reden mochte. Noch in Erinnerung ist ihre Marotte, einem mit dem angefeuchteten Taschentuch das Gesicht zu säubern.

Oder das Phänomen eines Freundes von mir – von wem sonst, würde jetzt mein Schwager sagen.

Wie oft hat er von seinem autoritären Vater erzählt, seiner Flucht mit sechzehn aus dem Elternhaus und der motivationslosen Güte seiner Mutter. Als ich ihm sagte, dass er genau diese unrühmlichen Praktiken bei seinen Kindern anwendet, entstand ein Moment der Stille. Normalerweise erzählt meine Frau den Leuten, was bei ihnen nicht stimmt. Ich bewundere sie dafür!

Ich springe hier von einem Punkt zum anderen. Das ist die reine Verzweiflung. Vielleicht, weil das Thema einfach zu groß ist und mir auch ein wenig Angst macht.

Liebe und Geld in einem Atemzug zu nennen, finde ich mal überlegenswert.

»Geldgeschenke sind phantasielos, vor allem kleine.«

Werner Mitsch

Phantasielos nein – Geld, auch nein.

»Zwei Dinge pflegen den Menschen um den Verstand zu bringen: die Liebe und das Nachdenken über das Wesen des Geldes.«

William Ewart Gladstone

Ist die hübsche 25-jährige wirklich in den sechzigjährigen Milliardär verliebt? Ist Erfolg erotisch? Was kann man durch Operationen „glätten"? Warum stirbt Johannes Heesters vor seiner Frau ...?

Was soll das denn jetzt hier?

Denken Sie sich Ihren Teil.

Mein Tipp, natürlich mal wieder profan, selbst das Wort „profan" wiederhole ich jetzt schon:

Suchen Sie Liebe. Geben Sie Kontaktanzeigen auf, machen Sie die Singlebörse zu Ihrer zweiten Heimat, kaufen Sie Rosen, beten Sie, zeugen Sie Kinder. Machen Sie was, wenn Sie noch nichts gemacht haben!

Jetzt!

TIPP: LIEBE!

- [ ] Lohnt sich, darüber nachzudenken.

- [ ] Mein Lieblingszitat:

- [ ] Mein Impuls/Kommentar:

Familie • Beziehungen • Verwandtschaft • Freundschaft
Geschenke • Schwierigkeiten • Liebe

»Alle glücklichen Familien gleichen einander, jede unglückliche Familie ist auf ihre Art unglücklich.«

Leo Tolstoi

»Selbst der bescheidenste Mensch hält mehr von sich, als sein bester Freund von ihm hält.«

Marie von Ebner-Eschenbach

»Man muss immer mit Leuten rechnen, auf die man nicht zählen kann.«

Willi Ritschard

»Ein Onkel, der Gutes mitbringt, ist besser als eine Tante, die bloß Klavier spielt.«

Wilhelm Busch

»Geschenke sind wie Ratschläge: Sie erfreuen vor allem den, der sie gibt.«

Emile Henriot

»Geldgeschenke sind phantasielos, vor allem kleine.«

Werner Mitsch

*»Nichts bringt die Menschen einander so nahe
wie gemeinsam durchlebte Schwierigkeiten.«*

Alexander Fadejew

*»Zwei Dinge pflegen den Menschen um den Verstand zu bringen:
die Liebe und das Nachdenken über das Wesen des Geldes.«*

William Ewart Gladstone

»Liebe heißt, sich mit der Wirklichkeit begnügen.«

Stefan Napierski

*»Denn das Glück geliebt zu werden,
ist das höchste Glück auf Erden.«*

Johann Gottfried von Herder

*»Liebe = Die wunderbare Gabe,
einen Menschen so zu sehen, wie er nicht ist.«*

Hannelore Schroth

»Wenn du zwei Personen zur selben Zeit liebst, dann entscheide dich für die zweite, denn würdest du die erste wirklich lieben, wäre deine Entscheidung nicht auf die Zweite gefallen.«

Johnny Depp

»Zwei schöne Lippen sind mehr wert als alle Beredsamkeit der Welt.«

Gustave Flaubert

»Liebe = Die Zeit zwischen der Vorstellung und dem ersten Kind.«

unbekannt

*»Liebe macht blind, aber nicht taub – daran ist schon manche
hoffnungsvolle Beziehung gescheitert.«*

George Bernard Shaw

»Wenn einem die Treue Spaß macht, dann ist es Liebe.“

Julie Andrews

XIII. Wenn ein Optimist ein Licht erblickt, findet sich ein Pessimist, der es wieder ausbläst

Der Pessimist hat Angst. Der Optimist auch.

»Die meisten Menschen bewegen sich auf dem goldenen Mittelweg und wundern sich, wenn er verstopft ist.«

Hellmut Walters

Sie fragen mich, was das obige Zitat mit Angst zu tun hat.

Ich finde: sehr viel.

Angst ist unser ständiger Begleiter. Der eine besteigt barfuß und ohne Sauerstoffgerät einen Achttausender, ängstigt sich aber vor der Reaktion des Chefs auf seinen Urlaubsantrag. Bloß nichts falsch machen, was könnten die anderen denken, das ist mir zu riskant, was hat das für Folgen ...?

Eine Dame aus einem Bewerbungsseminar ist einmal vom berühmten Mittelweg abgekommen. Sie behauptete doch ernsthaft: „Was soll mir schon passieren, mehr als schlecht finden können sie es ja nicht."

Sie eröffnete ihr Bewerbungsanschreiben mit dem Satz:
„Es ist nicht unproblematisch, über eigene Charaktereigenschaften zu schreiben, aber ich werde es einmal versuchen: ..."

Als Resultat folgte eine herrlich selbstkritische und humorvolle Selbstdarstellung. Die gelungenen Sätze basierten auf einer „Meinungsumfrage" über ihre Vorzüge und Schwächen im Kommilitonenkreis.

Ich war begeistert. Wahrscheinlich aber nicht jeder Personalchef. Eigenartigerweise begegnete sie dann in den vielen Vorstellungsgesprächen dem Typus Mensch, der in „ihr" Weltbild passte.

Oder der schon ältere Bewerber, der sich eine berufliche Zukunft als Sportmanager auf der AIDA vorstellen konnte: Ein fiktiver Dialog zwischen Urlauber

1 und Urlauber 2 auf dem Promenadendeck der AIDA, natürlich über seine Person, bildete das Gerüst für sein gewagtes Anschreiben. Es endete mit dem Satz: „Sie möchten gerne wissen, wie der Dialog endet? Dann würde ich mich über eine Einladung nach Hamburg sehr, sehr freuen."

Warum aber haben so viele Angst vor so lapidaren Risiken? Ich möchte jetzt bewusst mit den Versagensängsten aus der Kindheit kommen. Der eine Typus sieht sich als Verlierer, ist enttäuscht über sich, der andere darf in heiterer Resignation seinen Fehler wahrnehmen. Diese Einstellung zum Leben wird in vielen Fällen in der Kindheit begründet. Zugegeben, etwas schwarz/weiß gedacht. Ein Funken Wahrheit ist aber zu spüren.

»*Alle Enttäuschungen sind gering im Vergleich zu denen,*
die wir an uns selbst erleben.«

Marie von Ebner-Eschenbach

Einen Fehler zu begehen ist nicht dasselbe wie zu versagen. Alleine das Wort „versagen" auszusprechen, ist schon ein Vorbote für die sich selbst erfüllende Prophezeiung. Natürlich begehen wir massenhaft Fehler. Der erfolgreiche Mensch macht den gleichen Fehler allerdings nicht so oft. Aus Fehlern zu lernen und sie zu korrigieren ist der Schlüssel zu einem nicht so angstvollen Leben. Ein „korrekturloses Leben" könnte am Ende allerdings versagen bedeuten.

Ein Leben ohne Angst kann es nicht geben. Das hat die Evolution so gewollt und sich etwas dabei gedacht.

Einfach erscheint noch, die Kritik an einer Bewerbung hinzunehmen. Irgendwann ist das Schnee von gestern. Was ist aber mit der Einsamkeit nach der Scheidung, der schlechten Diagnose vom Arzt? Das sind andere Dimensionen. Milde stimmt hier die Behauptung von Marie von Ebner-Eschenbach:

»*Im Grunde ist jedes Unglück gerade nur so schwer, wie man es nimmt.*«

Leicht und flockig gesagt, liebe Frau von Ebner-Eschenbach. Für einen Moment relativiert sich vieles. Doch Stimmungen und Ängste kommen wieder. Wie gehe ich dann damit um? Mir fehlt das Fachwissen, um hier mitreden zu können. Ich vermute aber, dass die positiven Lichtblicke des „restlichen" Lebens helfen können.

Mein ehemaliger Geschäftspartner, er hieß verrückterweise auch Lars, verfügte über einen unverwüstlichen Optimismus. „Erstmal machen, wir sehen dann schon weiter.“ Gut, die Beinahepleite habe ich verdrängt. Die Zeit mit ihm möchte ich aber nicht missen.

»*Sobald ein Optimist ein Licht erblickt, das es gar nicht gibt, findet sich ein Pessimist, der es wieder ausbläst.*«

Giovanni Guareschi

Wie viele wahre Optimisten kenne ich eigentlich? Ich komme auf zwei. Namen von „Ausbläsern“ fallen mir da mehr ein.

Wie viele kennen Sie?

Unbezahlbar wäre nun ein Tipp, wie Sie Ihre individuellen und lebenslangen kleinen und großen Ängste in den Griff bekommen. Sicherlich sind Ängste, die wir anderen mitteilen, leichter zu verarbeiten. Besonders gut, wenn diese anderen auch echte Freunde sind.

Aber welches Zeichen muss ich setzen? Wie sieht der Trick aus?

Gerhard Uhlenbrock hilft mir auf die Sprünge:

»*Wer den Kopf hängen lässt, reizt zu weiteren Nackenschlägen.*«

Gehen Sie aufrecht durch das Leben.

Einfach genial!

Ying und Yang. Höhen und Tiefen. Freude und Trauer. Das Leben ist ein Wechselbad der Gefühle – und wir alle wissen das. Nur in den schlechten Zeiten scheinen wir es zu vergessen. Udo Jürgens Botschaft „Und immer, immer wieder geht die Sonne auf“ kleidet die Lösung sogar in eine einprägsame Melodie.

Nach Regen folgt fast immer Sonnenschein!

TIPP: HAB KEINE ANGST!

- [ ] Lohnt sich, darüber nachzudenken.

- [ ] Mein Lieblingszitat:

- [ ] Mein Impuls/Kommentar:

Stress • Kleinkriege • Furcht • Optimist • Pessimist
Einsamkeit • Unglück • Selbsteinschätzung • Schwierigkeiten
Resignation • Enttäuschung

»Stress: Der Mensch wehrt sich gegen eine Erniedrigung mit einer Erhöhung von Blutdruck und Puls. Freude bewirkt zwar das gleiche, doch schadet das nicht, da sie nie lange dauert."

Gerhard Uhlenbruck

»Man muss sich dauernd beherrschen, um die Beherrschung nicht zu verlieren: auch das ist Stress."

Gerhard Uhlenbruck

»Es sind die täglichen Kleinkriege, die mich klein kriegen."

Gerhard Uhlenbruck

»Wer die Zukunft fürchtet, verdirbt sich die Gegenwart."

Lothar Schmidt

»Sobald ein Optimist ein Licht erblickt, das es gar nicht gibt, findet sich ein Pessimist, der es wieder ausbläst."

Giovanni Guareschi

»Einsam: wer für keinen die Nummer 1 ist.«

Monika Feistel

»Im Grunde ist jedes Unglück gerade nur so schwer, wie man es nimmt.«

Marie von Ebner-Eschenbach

»Das Unglück ist ebenso wie der Ruhm imstande, Energien zu wecken.«

Maurice Barres

»Man ist eigentlich nur durch Nachdenken unglücklich.«

Joseph Joubert

»Unglück ist versäumtes Glück.«

Hans Lohberger

»Was den Menschen unglücklich macht, sind die unbefriedigten Wünsche.«

Claude Tillier

»Das, was jemand von sich selbst denkt, bestimmt sein Schicksal.«

Mark Twain

»Die Schwierigkeiten scheinen nur da zu sein, um überwunden zu werden.«

August Heinrich von Fallersleben

»Heitere Resignation – es gibt nichts Schöneres.«

Marie von Ebner-Eschenbach

»Wer den Kopf hängen lässt, reizt zu weiteren Nackenschlägen.«

Gerhard Uhlenbruck

»Alle Enttäuschungen sind gering im Vergleich zu denen, die wir an uns selbst erleben.«

Marie von Ebner-Eschenbach

»Es gibt kaum eine größere Enttäuschung, als wenn Du mit einer recht großen Freude im Herzen zu gleichgültigen Menschen kommst.«

Christian Morgenstern

XIV. Das Gute an der Zukunft: Wir brauchen immer nur einen Tag auf einmal zu verkraften

Eine Selbstpräsentation in Munster öffnete mir die Augen. Sie finden diesen Anfang zu aufgesetzt? Mag sein, aber ich empfand es so. Damals und auch in guten Momenten heute.

Das wirklich schöne an der Trainerbranche ist die Möglichkeit, immer wieder von den Teilnehmern zu lernen. Wie oft ging mir durch den Kopf: Das könnte ich nicht, was für ein genialer Einfall, welch ein plastisches Bild.

So auch in dem besagten Rhetorikseminar. Ein 41-jähriger Mann stellte sich ans Flipchart und malte einen Uhr. Er ließ sich viel Zeit und steigerte damit noch die Neugier. Das Ziffernblatt ging von 0 bis 100. Die Zeiger standen auf 41.00 Uhr.

Er verteilte jeweils eine Karte an jeden Zuhörer mit der Bitte, doch eine Frage an ihn zu richten. Nachdem er die Karten eingesammelt und sich seitlich neben seine „Lebensuhr" gestellt hatte, begann er vorzulesen: „Wann war ihre erste große Liebe?" Nach kurzem Zögern nahm er die Karte und klebte sie auf 12.00 Uhr. Es folgten viele warmherzige und betroffene Geschichten – ohne Theatralik.

Der Vortrag endete mit einem Zitat von Dean Acheson:

»*Das Beste an der Zukunft ist, dass wir immer nur einen Tag auf einmal zu verkraften brauchen.*«

Sein abschließender Kommentar dazu:

„Sie sehen, ich bin Optimist und habe die Uhr bis 100 eingestellt. Bis dahin habe ich noch einiges vor. Die Vielzahl der Aufgaben, Wünsche, Lebensängste und Ziele erschlägt mich manchmal. Wenn ich aber dieses Zitat lese, wird mir bewusst, dass der Einzelfall nicht schlimm ist – nur die Wirkung des Ganzen. Viel Glück wünsche ich Ihnen – morgen!"

Ganz nebenbei: Der Herr verwendete die höchste Form der rhetorischen Steigerung: den DIALOG. Die beiden anderen Stufen, „vor“ bzw. „zu“ den Menschen sprechen, sind leider der Regelfall.

Der Vortrag datierte in einer Phase meines Lebens, in der ich echte finanzielle Probleme hatte. Das Gefühl, nachts, von Existenzängsten verfolgt, schweißgebadet aufzuwachen, kennen vielleicht einige von Ihnen. Es ist nicht wirklich schön.

Am nächsten Tag sah ich mir den Terminplan der kommenden Woche an. Und nur die! Es war gar nicht so schlimm, bis auf den Mittwoch. Seit diesem Zeitpunkt mache ich jeden Tag ein „Plus“, ein „Ausgeglichen“ oder ein „Minus“ in meinen Kalender. In der Woche zwischen Weihnachten und Neujahr rechne ich ab und bin immer wieder gespannt, wie das Verhältnis zwischen den guten und schlechten Tagen aussieht.

Ich habe mir fest vorgenommen: wenn es nicht mindestens 70% Plustage im Jahr gibt, ändere ich mein Leben. Fragen Sie mich einfach einmal, wie ich am 23.05.2001 „drauf war“. Ich könnte es Ihnen sagen. Oh, ich habe ganz vergessen, dass wir diese Stufe der Kommunikation in diesem Buch noch nicht erreicht haben.

Ein anderer Aspekt sind die Geldsorgen. Finanzielle Sicherheit ist ein herrliches Ruhekissen. Den Beruf nur noch als Hobby empfinden. Geld, einfach nur als Nebensache zu titulieren ...

Niemand kann mir erzählen, dass das nicht ein glückseliger Lebensfaktor ist.

Viele Selbständige dürften jetzt bejahend nicken, wenn ich behaupte, dass die Verantwortung für die Mitarbeiter und der Fortgang der Firma einen wesentlichen Gedankenteil im Leben einnehmen.

Gerne erhörte ich die Sichtweise eines ostfriesischen Teilnehmers. Er präsentierte sich, indem er eine Kuh malte. Der Kommentar: „Ich bin auf einem Bauernhof in Ostfriesland groß geworden, nur Kühe.“ Danach malte er eine zweite Kuh. „Drei Jahre habe ich in Indien gearbeitet, dort sind die Kühe heilig.“ Die dritte Kuh, sie wurden immer schöner und größer, belegte er mit dem Abschlusssatz: „ Mein ganzes Leben besteht aus Kühen. Jetzt habe ich 40 Kühe, 20 kuhfreundliche Schweine und 20 ha Land. Davon lebe ich – und das ist gut so!“

John Galsworthy's Aussage wirkt in diesem Zusammenhang vielleicht irritierend:

»*Wer nicht über die Zukunft nachdenkt, wird nie eine haben.*«

Natürlich muss ich Pläne machen (siehe Kapitel VII. – für diejenigen, die sich schon im Verdrängungsprozess befinden). Diese Pläne sollten mich aber motivieren und nicht erschlagen.
Sicherheit, Traditionen, Ordnung, gewohnte Umgebung und natürlich das wichtige Gefühl, nicht alleine mit den Problemen dazustehen, ist echte Lebensqualität.

Tradition: Rinder-Carpaccio im Dorfkrug.

Ich liebe Ordnung. Der aufgeräumte Schreibtisch, der gemähte Rasen (sagte ich das etwa schon?), das abgeschlossene Projekt. Sicherheit ist auf vielen Ebenen spürbar.

Sie gibt mir den Ruhepol für mein Dasein. Beim Verlust des Sicherheitsgefühls muss ich einen Plan machen, wie und wo ich mein Ruhekissen wiedererlangen kann.

Langsam fängt ein Kreis an, sich zu schließen. Merken Sie es auch?

TIPP: FINDE DEINE TRADITION!

- [ ] Lohnt sich, darüber nachzudenken.

- [ ] Mein Lieblingszitat:

- [ ] Mein Impuls/Kommentar:

»Gewohnheit: eine Fessel der Freien.«

Ambrose Bierce

»Folgten wir nur der Tradition, lebten wir noch immer in Höhlen, folgten wir nur dem Fortschritt, wäre dies bald wieder der Fall.«

Leszek Kolakowski

»Tradition soll ein Sprungbrett sein, aber kein Ruhekissen.«

Harold Macmillan

»Jede Generation lächelt über die Väter, lacht über die Großväter und bewundert die Urgroßväter.«

William Somerset Maugham

*»Das Beste an der Zukunft ist,
dass wir immer nur einen Tag auf einmal zu verkraften brauchen.«*

Dean Acheson

*»Ich denke niemals an die Zukunft.
Die kommt von selber und früh genug.«*

Albert Einstein

»Wer nicht über die Zukunft nachdenkt, wird nie eine haben.«

John Galsworthy

*»Der zuverlässigste Weg die Zukunft zu sehen,
ist das Verstehen der Gegenwart.«*

John Naisbitt

»Haben Sie keine Angst vor der Zukunft – sie beginnt erst morgen.«

Zarko Petan

*»Mich interessiert vor allem die Zukunft,
denn das ist die Zeit, in der ich leben werde.«*

Albert Schweitzer

*»Man soll weder annehmen noch besitzen,
was man nicht wirklich zum Leben braucht.«*

Mahatma Gandhi

XV. Die Jugend ist etwas Wundervolles. Ein Jammer, dass man sie an die Kinder vergeudet

In den ersten Jahren meiner Unternehmung versuchten wir, die Schüler zum Telefontraining zu animieren, indem wir für die „Freiwilligen" Bananen als Telefonhörer verteilten. Ein Artikel in der Hannoverschen Allgemeinen Zeitung titelte damals: „Bewerben mit einer Banane am Ohr." Fand ich gut.

Diese Bananen, viele glauben an ihre glücksbringende Wirkung, wurden bei so manchem stressigen Telefonat zerquetscht. Der Schüler durfte in jedem Fall die Banane behalten, der Lehrer fand das lustig und auch ernährungsphysiologisch überzeugend.

Bei mittlerweile 45.000 Teilnehmern im Jahr wurde uns der „Bananenclou" dann irgendwann zu teuer.

Das Bedenkliche ist, dass vielen ihre Gesundheit auch zu teuer ist.

»In der ersten Hälfte unseres Lebens opfern wir unsere Gesundheit, um Geld zu verdienen. In der zweiten Hälfte unseres Lebens opfern wir das Geld, um unsere Gesundheit wiederzuerlangen.«

Voltaire

Zu Zeiten Voltaire's gab es also auch schon dieses Problem.

Ist es bei Ihnen auch so?

Seit Frühjahrsbeginn stehen Ihre Joggingschuhe parat, um nach Feierabend mit ihnen durch den Wald zu spurten. Doch Woche für Woche haben sie Wichtigeres zu erledigen.

Weißes Mousse im „Schneckenhaus" – das mit der Gesundheit sollte man allerdings auch nicht übertreiben.

Den inneren Schweinehund überwinden und einen Monat ohne Alkohol, zwischen den Mahlzeiten nichts essen, weniger Schokolade, ausgeklügelte Fitnessprogramme, Schlankheitskuren. Diese endlose Liste beschert den „Beratern" endlos viel Geld. ABER: Es ist in vielen Fällen gut investiert!

TU es!

Unübertroffen diese Selbstzufriedenheit nach dem immerhin jetzt schon 5-km-Lauf, total kaputt zu Hause auf der Terrasse sitzend. Letzten Monat waren die ersten 500 Meter ja noch die Hölle.

»*Was wir Zufall nennen, ist vielleicht die Logik Gottes.*«

Georges Bernanos

»*Zufall ist vielleicht das Pseudonym Gottes,*
wenn er nicht unterschreiben will.«

Anatole France

Ohne Gott oder eine überirdische Kraft kommen wir in diesem Kapitel nicht aus. Manche gesundheitlichen Schicksalsschläge, die mit „Warum gerade ich...?“ beginnen, lassen uns am System zweifeln. Wie weit er/sie an dem Zustand selbst Schuld trägt, muss er/sie irgendwann selbst beantworten.

Von der „gesunden“ Zeit, als wir jung, dynamisch und ohne Schmerzen waren – ich hätte früher nie gedacht, mal so einen blöden Satz zu schreiben – schwärmen wir erst, wenn sie vorbei ist.

Aus dem Blickwinkel von George Bernhard Shaw gesehen:

»*Die Jugend ist etwas Wundervolles.*
Es ist ein Jammer, dass man sie an die Kinder vergeudet.«

Friedrich der Zweite schrieb:

»*Wir sind bestrebt, die uns durch Gott geschenkte Gesundheit der Luft durch unsere Vorsorge, so weit wie uns dies möglich, rein zu erhalten. Wir verfügen deshalb, dass es niemandem gestattet ist, in Gewässern, die weniger als eine Meile von einer Ansiedlung entfernt liegen, Flachs oder Hanf zu wässern, weil dadurch die Beschaffenheit der Luft ungünstig verändert wird.*«

Kein Kommentar.

Was uns die Umwelt, unsere Art zu leben, die moderne Zivilisation letztlich als Strafe präsentiert, möchte ich mir als Weltmeister der Verdrängung nicht ausmalen. In jedem Fall werde ich alles versuchen, dass meine Gesundheit nicht gänzlich dem Zeitwahn zum Opfer fällt.

Kinder, die als „Burger-Generation“ nicht mehr rückwärts laufen können, Kommunikation nur noch als SMS begreifen und das Salatblatt von dem Brötchen nehmen, machen mir Angst.

Wie geht es Ihnen?

TIPP: BLEIBE GESUND!

- [ ] Lohnt sich, darüber nachzudenken.

- [ ] Mein Lieblingszitat:

- [ ] Mein Impuls/Kommentar:

Gesundheit • Jugend • Zivilisation • Umwelt • Welt • Zeit Zufall

»Die Gesundheit ist ein Stück Himmel auf Erden.«

Ernst R. Hauschka

»In der ersten Hälfte unseres Lebens opfern wir unsere Gesundheit,
um Geld zu verdienen.
In der zweiten Hälfte unseres Lebens opfern wir das Geld,
um unsere Gesundheit wiederzuerlangen.«

Voltaire

»Die Jugend ist etwas Wundervolles.
Es ist ein Jammer, dass man sie an die Kinder vergeudet.«

George Bernhard Shaw

»Zivilisation ist die unablässige Vermehrung
unnötiger Notwendigkeiten.«

Mark Twain

»Heutzutage gehen die Bewohner mit der Erde um, als ob sie noch eine in Reserve hätten.«

Werner Mitsch

»Selbst die heile Welt ist nicht mehr das, was sie einmal war. Ihr fehlt die heile Umwelt.«

Lothar Schmidt

»Umweltschutz. Die einen reden und die anderen roden.«

Werner Mitsch

»Von der Zeit nehmen wir nur Notiz, wenn sie vorbei ist.«

Lothar Schmidt

»Die Zeit ist das kostbarste Gut: Man kann sie für Geld nicht kaufen.«

Jüdisches Sprichwort

»Das Maß der Zeit bleibt die Vergangenheit, auch wenn wir für die Zukunft planen.«

Hatto Egerer

»Wenn man guten Gebrauch von seiner Zeit machen will, muss man wissen, was am Wichtigsten ist, und sich dann mit ganzer Kraft dafür einsetzen.«

Lee Iacocca

»Was wir Zufall nennen, ist vielleicht die Logik Gottes.«

Georges Bernanos

»Zufall ist vielleicht das Pseudonym Gottes, wenn er nicht unterschreiben will.«

Anatole France

»Die zwei größten Tyrannen der Erde: der Zufall und die Zeit.«

Johann Gottfried von Herder

XVI. Leben heißt beobachten

Eine Banane essend, eile ich dem Ende dieses Buches entgegen. Liegt es daran, dass sich die Dinge im Kreis drehen, sich wiederholen? Ist mein Repertoire ausgeschöpft? Eine schlimme Vorstellung. Bin ich einfach zu faul? Nein, das wohl in diesem Fall nicht.

Oder kann ich es nicht mehr abwarten, Ihnen das System, mein System der Welt, zu verkünden? Schwer zu sagen.

In meinem Kopf gibt es ein Idealbild von einem Menschen:

Er versteht es, seine Mitmenschen anzuregen, ohne belehrend zu sein. Er weiß, wann es Sinn macht, ein Stück des Weges gemeinsam zu gehen, und wann es richtiger ist, sich zu trennen. Er kann den anderen Menschen achten und schätzen und dennoch den eigenen Weg kompromisslos gehen. Sein Beispiel wirkt durch sich selbst. Wer mit ihm zusammenarbeitet, kann tiefe Impulse für sein weiteres Leben erhalten.

»Leben heißt beobachten.«

Plinius der Ältere

Es gibt nicht viele solche Menschen. Meist haben sie schon ein gewisses Alter. Unbezahlbar ist, sie persönlich zu kennen. Ich werde mich hüten, jetzt ein Beispiel aus meinem Bekanntenkreis zu nennen. Ich hätte nur einen Sympathisanten und viele fragende Gesichter.

Mein schlichter, diesmal nicht nur profaner Tipp:

Finden Sie dieses Vorbild und lernen Sie von ihm!

Geschäfte am Strand – ein schlechtes Vorbild.

Na also ...

Lernen Sie aber dadurch auch Ihre natürlichen Grenzen kennen. *(Sagte ich das nicht bereits?)*

Zwei Beispiele, wo mir meine Grenzen aufgezeigt wurden.

Ort: Düsseldorf, Handelsblatt. Zeit: 1997.

In dem damaligen Gespräch mit einem sehr angenehmen und nicht arroganten Journalisten – hören Sie da etwa ein Vorurteil? – durfte ich mein JUMP!-Konzept erläutern. Der am nächsten Tag bereits veröffentlichte Pressetext begann mit den Worten:

„Lars Grewe ist jung, idealistisch und hat eine Idee, die allen Beteiligten Nutzen verspricht."

Bei 150.000 Lesern und einer bundesweiten Verbreitung erhoffte ich mir natürlich ein gewaltiges Feedback. Der erfahrene Leser schmunzelt: Gott, wie naiv. *(Sie haben nicht erfahren geschmunzelt? – wieder ein Leser weniger und das so kurz vorm Ende ...)*

Zwei Leute riefen mich an. Ein Student aus Bayern fragte, ob ich ihm bei seiner Bewerbung behilflich sein könnte, und der Reporter selbst erkundigte sich, ob mir der Artikel gefiele.

Andere hätten bis heute viel mehr in Bewegung gesetzt. Ich muss mir nur einmal die Biographien von Axel Springer oder Bill Gates ansehen. Vielleicht hätten mir diese Vorbilder genutzt.

Niederschmetternd auch der Ausspruch einer Teilnehmerin auf die Frage, wie ihr das Seminar gefallen hätte: „Am Anfang fand ich es noch ganz gut, am Ende waren Sie aber nicht mehr zu ertragen!"

In diesen Augenblicken krampft sich bei einem alles zusammen, der Sinn des Lebens scheint verloren, das Selbstwertgefühl eine nette Erinnerung.

Ich musste allen Mut aufbringen und fragen: „Warum konnten Sie mich nicht mehr ertragen?"

Mit wissendem Blick erwiderte sie: „Ich habe angefangen, Ihre „Ne?" an den Satzenden zu zählen. Bei 100 habe ich mit der Strichliste aufgehört. Ich konnte mich nicht mehr auf Ihr Gerede konzentrieren."
Sie hatte Recht – und das wusste ich.

In direktem Anschluss an diese vernichtende Kritik wollte ich mein Trainerdasein beenden. Aber die Zeit hilft einem über vieles hinweg.

Am Abend in der Badewanne liegend, leicht angesäuselt, beschloss ich, mein Lieblingswort aus meinen Vorträgen zu verbannen. Glauben Sie bitte nicht, dass ich diesen Vorsatz vollständig umsetzen konnte. Aber jedes Mal, wenn ich wieder dieses „Du-bist-doch-einverstanden-heischende Trainer-Ne" verwende, ist für die nächsten 5 Minuten „Ne-Pause".

Ratschläge sollten immer willkommen sein. Manchmal nutzen sie mir sogar, wenn es absoluter Quatsch ist – nur, damit mein Urteil verfestigt wird. So kann auch das Seminar mit dem schlechten Trainer einen Gewinn für mich darstellen. Sehen Sie es also immer positiv.

»*Man sollte eigentlich immer nur das lesen, was man bewundert.*«
Goethe

Zugegeben, ich habe Goethe selbst nur in der Oberstufe gelesen und glänze hier lediglich mit seinen Zitaten. Viele Autoren durfte ich seither aber bewundern. Es ist mir ein Rätsel, wie ein Ken Follett Gefühle und Situationen so präzise und dennoch unterhaltsam beschreiben kann. Was wäre, wenn er diesen Ratgeber geschrieben hätte?

Der weiseste Spruch und deshalb Schlusssatz kommt aber von „Unbekannt":

»*Guter Rat ist wie Schnee: je leiser er fällt, desto länger bleibt er liegen.*«

Oh, jetzt beginnt es gerade zu schneien ... nein, war ein Scherz.

TIPP: SUCHE DIR VORBILDER!

- [ ] Lohnt sich, darüber nachzudenken.

- [ ] Mein Lieblingszitat:

- [ ] Mein Impuls/Kommentar:

Beobachten • Rat • Hilfe • Kluger Mann • Bewunderung

»Leben heißt beobachten.«

Plinius der Ältere

»Guter Rat ist wie Schnee: je leiser er fällt, desto länger bleibt er liegen.«

Unbekannt

»Wer nicht im Augenblick hilft, scheint mir nie zu helfen.«

Goethe

»Die Menschen denken über die Vorfälle des Lebens nicht so verschieden, wie sie darüber sprechen.«

Georg Christoph Lichtenberg

»Ein kluger Mann macht nicht alle Fehler selber.
Er gibt auch anderen eine Chance.«

Sir Winston Churchill

„Man sollte eigentlich immer nur das lesen, was man bewundert.«

Goethe

XVII. Wir sitzen alle im gleichen Boot, manche aber näher an der Kombüse

Nun ist es soweit. Das letzte Kapitel. Auf diesen Moment habe ich 20 Jahre gewartet. Ich bin ein wenig nervös. Können Sie sich das vorstellen?

Marie von Ebner-Eschenbach könnte Recht behalten:

*»Am Ziel deiner Wünsche wirst du jedenfalls eines vermissen:
dein Wandern ans Ziel.«*

Nun möchte ich nicht behaupten, am Ziel aller meiner Wünsche angekommen zu sein, aber diesen Wunsch durfte ich für mich erfüllen.

444 Zitate, eine Menge Holz. Viel Wissen und Lebenserfahrung von großen Menschen, denen wir irgendwie vertrauen und zu denen wir manchmal aufsehen. Sie geben uns Hoffnung und nehmen uns so manche Illusion.

*»Hoffnung ist eine Art von Glück; vielleicht das größte Glück,
das die Welt bereit hat.«*

Samuel Johnson

Wir müssen hoffen. Hoffen auf eine bessere Arbeitsstelle, hoffen auf die Lösung des Problems. Hoffen auf Besserung. Ohne Hoffnung sind wir verloren. So einfach ist das! Hoffen auf einen „guten Platz im Boot“:

*»Wir sitzen zwar alle im gleichen Boot,
aber mancher sitzt näher an der Kombüse.«*

Helmar Nahr

Dicht an der Kombüse von Gosch.

Seien Sie vorbereitet auf die Bootsfahrt, damit es Ihnen nicht so ergeht wie mir bei Herrn Dr. Kaiser, Personalverantwortlicher bei der Continental AG. Er und ich standen auf einer Bühne in der Arbeitsagentur Hannover. Unten lauschten ein paar hundert Studenten etwas gelangweilt unseren Ausführungen. Auf einmal springt Herr Kaiser mit hochrotem Kopf auf: „Eines muss ich Ihnen hier ganz offen sagen: Wenn ich dem Bewerber die simple Frage stelle: „Warum bewerben Sie sich bei Conti?“, erhalte ich fast immer stumpfsinnige oder nichts sagende Antworten. Ich habe jetzt alle Gefühlsregungen durchlaufen: Helfend, aggressiv, frustriert, suizid. Mein Gott, warum bereitet sich denn niemand auf diese Frage vor? Jeder weiß doch, sie wird kommen!“

Die Fragen Ihres Lebens kennen Sie? Oder? Bereiten Sie Ihre Antworten vor. Ich würde mich freuen, wenn Sie manche Dinge wichtig genommen haben, aber keine so völlig ernst. Das wäre nämlich nach Arthur Schnitzler „Lebensklugheit“.

82% Ihres Erfolges – wo nimmt der Grewe bloß immer diese Zahlen her? – basiert im Übrigen auf persönlichen Kontakten. Der Mensch ist ein Rudeltier. Wir überleben im Rudel. Schon vergessen?

Lesen Sie jetzt zweimal diese Lebenserklärung:

„Wenn Sie sich selbst lieben, authentisch sind und gelassen mit Ihren Problemen umgehen, dann können Sie ihr Glück intuitiv selbst in die Hand nehmen. Hierzu nützt Ihnen ein Plan, den Sie auch in die Tat umsetzen. Ein Vorbild offenbart Ihnen vielleicht, wie es geht. Eines der Ergebnisse könnte Ihre Traumaufgabe sein. Sie dürfen oft und herzlich mit anderen lachen und tolerieren Ihre Kollegen und Ihren Partner. In schlechten Zeiten fangen Sie Ihre Familie oder Ihre Freunde auf. Ihre Aufgabe und Ihr Umfeld gibt Ihnen die notwendige Sicherheit. Angst bestimmt nicht Ihr Leben. Sie leben gesund."

Dieser Satz ergäbe sich aus den 17 Kapiteln dieses Buches.

Was fällt Ihnen auf? Ziemlich allgemeingültig. Trifft nicht auf mich zu. So ein Leben hätte ich auch gern. Gibt es so ein Leben?

Mein erster Gedanke war: Formulieren Sie jetzt Ihren eigenen Satz. Füllen Sie dieses leblose Satzgebilde mit Ihrem Leben, Ihren Details, Ihren Erkenntnissen. Aber dann hatte ich eine noch bessere Idee. Nein, genau genommen hatte diesen Gedanken wieder jemand anders.

Vor kurzer Zeit traf ich mich mit einem angenehmen Menschen im Zentrum von Hannover, wo Parkplätze bekanntlich Mangelware sind. Er kam mit dem Chauffeur, ich ohne. Eine teure Parkverwarnung, aber ein besonderes Treffen. Am Ende sehr freundschaftlich und äußerst befruchtend. Er hatte den ersten Entwurf meines Buches gelesen und machte mir einen wundervollen Vorschlag, den ich hier umsetze.

Ich möchte ein „Gemälde" malen. Sie dürfen es auch „Bild" nennen, wenn Ihnen das zu theatralisch erscheint.

Das „Bild" meines Lebens.

So wurde es ja auch in der Bedienungsanleitung „prophezeit" – manchmal bin ich mir selbst unheimlich ...

Auf dem Bild sitze ich bequem, lässig die Beine übereinander geschlagen auf einem Sessel und halte einen Zettel in der Hand. Sie können nicht erkennen, was dort geschrieben steht. Ein Lächeln umspielt meine Lippen.

Es ist nicht aufgesetzt, unverkrampft, ein wenig selbstverliebt. Hinter mir ist ein Regal zu erkennen, mit ordentlich aufgereihten Büchern. Die Bücher sind nach Nummern sortiert. 17 Exemplare. Ein goldenes Buch steht alleine unten rechts. In einigem Abstand zu mir steht auf einer bunten Wiese mit unwahrscheinlich schönen Gräsern und Blumen eine hüfthohe Hürde. Der vordere Stab der Hürde wird gehalten durch einen großen, sehr schweren Mann, der mich wiederum freundlich anlächelt. Links hinter mir stehen drei Menschen, der mittlere legt mir die Hand auf die Schulter. Der vordere trinkt aus einem Kaffeebecher. Die Dame am Rande des Bildes blickt in eine andere Richtung. Der Betrachter hat aber trotzdem das Gefühl, dass sie mir sehr nahe steht – der Künstler wird hier an seine Grenzen stoßen. Leichter Regen fällt auf sie hinab. Hinter der Hürde sitzen Schüler in einem Halbkreis, alle angeregt und mit Begeisterung dabei. Einer von ihnen hebt etwas in die Luft – es könnte eine Einladung sein. Im Hintergrund scheint die Sonne vor einem blauen Himmel. An ihr ist ein Haken befestigt, an dem ein Bild von Martin Luther hängt. Vier weitere Details könnte ich verraten – doch hier beginnt meine Privatsphäre.

Das ist mein Gemälde! Je länger ich an diesem Lebensbild gearbeitet habe, desto bewusster wurden mir viele Dinge. Ich fragte mich, wo sich meine Lieblingszitate wiederfanden. Gab es noch bedenkenswerte Lücken? Auch Ängste begegneten mir, denen ich mich im Laufe der Jahre gestellt hatte.

Der Prozess des Zeichnens erfüllte mich mit Freude. Überhaupt die Bereitschaft, einen Stift in die Hand zu nehmen und loszulegen. Ich verspürte diesen eigenartigen Stolz, etwas für mich zu bewegen.

Wie sieht es mit Ihrem „Lebens-Gemälde“ aus?

Wo stehen Sie? Was können Sie jetzt erkennen? Vertrauen Sie auf Ihre Intuition und Phantasie. Streifen Sie alle 17 Kapitel. Ich bin mir absolut sicher, Sie erhalten sehr wichtige Farben, Formen und Figuren. Probieren Sie es – auch wenn Sie jetzt im Bett liegen und denken, das würde mir gerade noch fehlen, ich will mich hier erholen. Helfen könnte Ihnen hierbei, wenn Sie Ihre „Zitatfavoriten“ vorab herausfinden. Das können drei oder auch mehr sein.

Ihr Gemälde ist genau genommen schon zu 90% fertig. Das Zeichnen fällt in diesem Stadium noch relativ leicht – Was? Sie können nicht zeichnen? Umso witziger wird es für Ihre Betrachter, denn die brauchen Sie.

Für die letzten 10% des Gemäldes nehmen Sie sich bitte viel Zeit. Überlegen Sie es sich ganz genau. Hier beginnt, so Dr. Grewe, der Prozess der Einsicht. Vielleicht stellt sich sogar eine Inspiration für die Zukunft ein?!

Ein Gläschen Wein könnte dabei helfen.

Ich habe das Experiment gewagt und meine Freunde ihr Gemälde aufzeichnen lassen. Mit der schönen und verblüffenden Konsequenz, dass jeder mindestens einen Impuls verspürte. Ob sie ihn dann umsetzen? Hoffentlich!

Wenn Sie nicht meine Rembrandt-Ambitionen teilen, dann versuchen Sie, Ihre oder Ihr Kapitel in diesem Buch zu finden. Gab es einen „Berührungspunkt"?

Dann gönnte ich mir noch ein weiteres Experiment. Ich wollte wissen, ob meine Struktur zur „einfachen Erklärung des Lebens" bzw. meine Zusammenfassung von „Überbegriffen" auch sinnvoll ist. Ich betrat die Welt des Internets und suchte mir beliebige Zitate heraus und sortierte sie in das „Siebzehn-Kapitel-System". Es funktionierte nicht – nein, ein Scherz.

Ohne große geistige Verkrampfungen brauchte ich meist nur wenige Minuten zum Finden des passenden Segments. Testen Sie es. Können Sie der Zuordnungslogik meines Systems folgen? Haben Sie Ihr eigenes System? Meinetwegen, ich bin ja ein toleranter Mensch.

Einige zusätzliche Versuche bestärkten mich letztlich. Beim Beobachten von Talkrunden im Fernsehen und Vorträgen gab es für mich keine neuen Blickwinkel. Alles fügte sich ins System. Dieses mag an meiner Perspektive liegen, vielleicht. Dennoch ein gutes Gefühl.

Das Leben ist komplex und doch so einfach. Das ist meine Erkenntnis. Je komplexer ich die Aufgabe formuliere, desto unwahrscheinlicher ist die Lösung. Ich kann mit meinem System leben, erkläre mir damit die Welt und glaube fest daran. Hoffe darauf!

Empfinden Sie die Lektüre als zu dünn? Ich anfänglich schon. Man kann das Leben doch nicht mal so eben auf 200 Seiten beschreiben. Warum nicht – denke ich heute.

So schmeichle ich mir noch einmal – muss man hier denn alles selber machen – mit den Worten von La Rochefoucaud:

»Meister der Beredsamkeit ist der, der alles Nötige sagt und nur dies.«

Das Leben ist nicht kompliziert. Es folgt einfachen Gesetzen. Ihren Gesetzen! Nehmen Sie Gesundheit und die Gnade der Geburt einmal aus. Das ist Ihr persönliches Schicksal. „Ist nun mal so."

Und Sie bestimmen Ihre Gedanken. Der oder die eine kann diese besser kontrollieren, der oder die andere schlechter. Üben Sie sich in guten Gedanken. Seien Sie nicht zu streng mit sich.

»Es sind die Gedanken, die uns glücklich machen.«

Marc Aurel

Eines der hilfreichsten Zitate macht das „Gemälde Leben" für mich dann fast vollkommen:

»Das Leben ist bezaubernd.
Man muss es nur durch die richtige Brille sehen.«

Alexandre Dumas

Diese Brille wünsche ich Ihnen von Herzen.

Unser Dialog geht hiermit dem Ende entgegen. Meine Vorträge schließe ich des öfteren mit vier Buchstaben. Nein, nicht mit ENDE, sondern mit SODA.

SODA ist eine Gedankenhilfe zur Verdeutlichung von Kommunikation. Wenn Menschen miteinander kommunizieren, funktioniert das nach dem SODA-Prinzip. Einer redet mit einem, einer mit zehn, einer mit Hunderten. Immer dasselbe Prinzip.

S steht für Sachaussage. Die Sachaussage dieses Buches war: Das Leben zu verstehen ist ganz einfach. Ich hoffe, Sie haben mich verstanden.

O steht für Offenbarung. Ich habe Ihnen meine Sichtweise und auch so manches private Geheimnis offenbart. Manche „Distanzmenschen“ mögen diese „Nähemenschen“ allerdings nicht. Wozu zählen Sie?

D steht für die DU-Beziehung. Viele nennen es Sympathie, Chemie ... Es wäre schön, wenn die Chemie zwischen uns gestimmt hat.

A steht für Appell. Die große Trainerkrankheit. Wir buttern die Teilnehmer voll mit Lebensweisheiten. Nach dem vierten Tipp – spätestens – hören viele nicht mehr zu.

Einen hab' ich aber noch!

Das Schlusswort gebührt nicht mir, sondern Arthur Schopenhauer:

»Hindernisse überwinden ist der Vollgenuss des Daseins.«

Der Vollgenuss: Gegen den Wind ...

TIPP: BLICKE AUF DEIN GANZES!

- [ ] Lohnt sich, darüber nachzudenken.

- [ ] Mein Lieblingszitat:

- [ ] Mein Impuls/Kommentar:

Beredsamkeit • Schicksal • Die Welt • Weisheit • Widerstand Hoffnung • Denken • Gedanken • Suche • Lösung • Problem Kehrseite • Talent • Schönheit • Lebenskunst • Geschichte Zukunft der Gesellschaft • Ziel der Wünsche • Glückstag Einfache Genüsse • Erfahrung • Leben • Alles gesagt • Freude Kombüse

»Meister der Beredsamkeit ist der, der alles Nötige sagt und nur dies.«

La Rochefoucaud

»Das Schicksal ist die Zeit in ihrer beschleunigten Form.«

Jean Giraudoux

*»Wir werden vom Schicksal hart oder weich geklopft;
es kommt auf das Material an.«*

Marie v. Ebner-Eschenbach

»Die Natur schafft die Begabung und das Schicksal hebt sie heraus.«

La Rochefoucauld

»Für den Dialektiker ist die Welt ein Begriff, für den Schöngeist ein Bild, für den Schwärmer ein Traum, für den Forscher Wahrheit.«

Ludwig Büchner

»Die Welt ist ein Schauplatz: Du kommst, siehst, gehst vorüber.«

Matthias Claudius

*»Für die Denkenden ist unsere Welt eine Komödie,
für die Empfindenden eine Tragödie.«*

Horace Walpole

»Wenn die Welt wüsste, mit wie wenig Verstand sie regiert wird.«

George Frost Kennan

»Selbst wenn es einem einst glückt, die vollkommenste Wahrheit zu künden, wissen kann er sie nie: Es ist alles durchweht von Vermutung.«

Xenophanes

»Alle Weisheit lässt sich in zwei Worten ausdrücken: warten und hoffen.«

Alexandre Dumas der Ältere

»Gib mir Gelassenheit, Dinge hinzunehmen, die ich nicht ändern kann; gib mir den Mut, Dinge zu ändern, die ich zu ändern vermag, und gib mir die Weisheit, das eine vom anderen zu unterscheiden.«

Friedrich Oetinger

»Man muss gelehrt sein, um Einfaches kompliziert sagen zu können; und weise, um Kompliziertes einfach sagen zu können.«

Charles Tschopp

»Leben heißt träumen; weise sein heißt angenehm träumen.«

Friedrich von Schiller

»Widerstand ist auch, wieder Stand zu gewinnen.«

Norbert Stoffel

»Hoffnung ist eine Art von Glück; vielleicht das größte Glück, das die Welt bereit hat.«

Samuel Johnson

»Man ist eigentlich nur durch Nachdenken unglücklich.«

Joseph Joubert

»Es sind die Gedanken, die uns glücklich machen.«

Marc Aurel

»Nichts ist schwerer als bedeutende Gedanken so auszudrücken, dass jeder sie verstehen muss.«

Arthur Schopenhauer

»Wir sind nichts;
was wir suchen, ist alles.«

Novalis

»Wir haben die Lösung – wo ist das Problem?«

Unbekannt

»Jede Kehrseite hat ihre Kehrseite.«

Japanisches Sprichwort

»Leicht tun können, was schwierig für andere ist – das ist Talent;
tun können, was für das Talent unmöglich ist – das ist Genie.«

Henri-Frederic Amiel

»Schönheit ist selektive Präsentation des Angenehmen.«

Helmar Nahr

»Lebenskunst ist die Fähigkeit,
mit dem Stress fertig zu werden.«

Lothar Schmidt

»Die Geschichte hat noch nie etwas anderes gelehrt,
als dass die Menschen aus ihr nichts gelernt haben.«

Georg Wilhelm Friedrich Hegel

»Werden wir richtig informiert?
Ich übertreibe nicht, wenn ich behaupte, dass von der Antwort auf diese Frage die Zukunft der menschlichen Gesellschaft abhängt.«

Arnold Joseph Toynbee

»Am Ziel deiner Wünsche wirst du jedenfalls eines vermissen: dein Wandern ans Ziel.«

Marie von Ebner-Eschenbach

»Der Tag, an dem man einen Entschluss fasst, ist ein Glückstag.«

Japanisches Sprichwort

»Ich schwärme für einfache Genüsse. Sie sind die letzte Zuflucht der Komplizierten.«

Oscar Wilde

»Wenn man genug Erfahrungen gesammelt hat, ist man zu alt, um sie auszunutzen.«

William Somerset Maugham

»Das Leben ist bezaubernd. Man muss es nur durch die richtige Brille sehen.«

Alexandre Dumas

»Es ist alles gesagt, nur noch nicht von jedem.«

Karl Valentin

»Es freut mich, wenn es regnet, denn wenn es mich nicht freut, regnet es trotzdem."

Karl Valentin

»Wir sitzen zwar alle im gleichen Boot, aber mancher sitzt näher an der Kombüse.«

Helmar Nahr

Nachwort (10. Dezember 2012)

Es ist der 10. Dezember 2012. Ich lese das Ende meines Buches. Ein Jahr ist vergangen. Kein schönes Jahr – wenn ich ehrlich bin, das schlimmste meines bisherigen Lebens. Die ganzen hoffnungsvollen Sätze und dann das. Ich hoffe, Sie sind jetzt nicht sauer oder vielleicht enttäuscht.

Ich sitze wieder vor meinem jetzt noch älteren Laptop am nördlichsten Ort Deutschlands. Der gleiche Stuhl, das gleiche Fenster und eine total andere Stimmung – es ist 23.10 Uhr.

Meine Frau hat sich das vierte Mal von mir getrennt, und das wohl zu Recht, aber zu meiner unendlichen Überraschung. Im zarten Alter mit 16 Jahren das erste Mal, dann während des Studiums, direkt vor meiner Selbständigkeit und jetzt. Wir mögen uns immer noch sehr. Meine Kinder sind zum Glück noch bei mir, so haben wir uns geeinigt. Sie kommt jeden Tag ins Haus und kümmert sich um alles – was für eine verrückte Welt.

Jetzt müsste ein Tipp kommen für all die Partner oder Partnerinnen, die ihre Kinder nur alle zwei Wochen sehen dürfen. Ich finde ihn jetzt gerade nicht. Ist meine so großartige Erklärung des Lebens nur eine Farce? Nur geschrieben von einem glücksverwöhnten Selbstdarsteller? Wenn ich jetzt ja sage ...

Geben Sie mir bitte ein paar Minuten.

50 lange Minuten sind vergangen ... Ich muss anders anfangen.

Wohin ich in diesem Jahr auch sah: Nur glückliche Paare mit lachenden Kindern; Frauen, die mit liebenden Augen ihren Auserwählten ansahen. Das Leben der Anderen begann, meines war gefühlt zu Ende. Ich fragte mich ernsthaft, ob ich wieder einen Moment des Glücks verspüren dürfte. Selbst Rasenmähen brachte mir keine Ablenkung. Das Schlimmste aber war die Traurigkeit meiner Kinder.

Nichts war mehr gut.

Dazu der Schlaganfall meines Vaters. Ich konnte nicht mehr mit ihm kommunizieren, keine Gespräche über unsere Gefühle, über die Vergangenheit und die Zukunft, Freude oder tröstende Worte. Er tat mir unendlich leid – und die ersten Wochen ich mir auch (solche Menschen mag ich gar nicht).

Wenn ich das hier so aufschreibe, wird mir allerdings bewusst, welche Schicksale andere Menschen durchleiden. Es gibt immer eine größere Katastrophe.

Aber eines haben die Katastrophen des Lebens alle gemeinsam: Das Verschwinden des Glücksgefühls, des Lebensmuts.

Wer sein Glück verliert, den Mut zu Leben, die Aufgabe, seinen Partner oder was auch immer: Die Leere ist da.

Kurze Gedankenpause ...

Jeder hat mal eine Pechsträhne. Aber glückliche Menschen hadern nicht lange mit ihrem Schicksal, sondern fragen: Was kann ich daraus machen? Sie suchen nach Lösungen – und dabei wachsen sie am Widerstand und entwickeln positive Energien.

So habe ich es auf Seite 92 behauptet – wusste ich dort, wovon ich rede?

Eben lese ich das Zitat noch einmal von Marie v. Ebner-Eschenbach – scheint meine Zitatenkönigin zu sein:

»Heitere Resignation – es gibt nichts Schöneres.«

Ich lache – das hat schon mal ein bisschen geholfen.

Auch Karl Valentin – jetzt sagen Sie nicht, dass Sie sich an die BEDIENUNGSANLEITUNG erinnern – hat mir in abgewandelter Form für mein „Gemälde“ genutzt.

»Es freut mich, wenn ich erfahre, was ich alles falsch gemacht habe. Denn wenn es mich nicht freut, erfahre ich es trotzdem.«

Mein Freund Holger erklärte mir – er hat eine vierjährige Scheidung fast hinter sich und hofft auf den allerletzten Termin im Januar:

„Lieber Lars, der Mensch definiert sich alle sieben Jahre neu. Mit Sieben beginnt das Ende der freien Kindheit, mit Vierzehn die Entdeckung des Körpers, mit 21 die Zeit des Jobs oder der Ausbildung, mit 30 Jahren wird geheiratet, Verantwortung, Kinder usw."

Befinden Sie sich auch in einer Phase der „Neudefinition"? Ich kann zurzeit ein Lied davon singen. Manchmal gefällt mir die Melodie, manchmal kann ich sie nur schwer ertragen.

Allein im Schreiben dieser Zeilen verspüre ich meine Energie wieder wachsen, die Melodie ist wieder schön. Es ist übrigens auch passende Musik im Radio und der Grauburgunder für 3.40 Euro schmeckt einfach gut.

»*Gut drauf sein kostet Mühe, aber nur ein bisschen.*«
Antoinette Schmelter de Escobar

Diese Mühe gebe ich mir."

Lieber Leser, die notwendige Energie für diese Mühe habe ich – wie soll es auch anders sein – einem Zitat zu verdanken.

Es stand in dem Weltblatt „Rotenburger Kreiszeitung" – ganz versteckt in einem Bericht über die evangelische Kirche. So etwas lese ich normalerweise nicht. „Weiß Gott", wer mich da getrieben hat.

»*Wer das Ganze im Blick hat, der kann frei sein.*«
Martin Luther

Jeder kann jetzt für sich entscheiden, was „das Ganze" – „sein persönliches Gemälde" ist. 17 Tipps, 17 Kapitel, viele Hinweise, die Zitate und auch vielleicht manche Geschichten können Ihnen beim Malen behilflich sein.

Mein Größenwahn hat jetzt ein Ende. Ihrer kann hier beginnen!

Ein Eichhörnchen zweifelt nicht! Nur wenn es die Straße überqueren möchte, wirkt es etwas unschlüssig.

Alles Liebe wünscht Ihnen Ihr Eichhörnchenversteher

Lars Grewe

Es fehlen die Eichhörnchen ... aber die gibt es nicht auf Sylt.

P.S. Gerade habe ich die letzte Korrektur gelesen. Ich bin fertig. Es ist jetzt der 12.12.2012 – 12 Uhr – ehrlich, ich wollte nicht lügen!

17 Tipps für ein schönes Leben

1. Liebe dich selbst! ☐

»Man muss sein Leben aus dem Holz schnitzen, das man zur Verfügung hat.«

Theodor Storm

2. Sei echt! ☐

»Man erreicht nichts mit seiner Intelligenz, wenig mit seinem Geist, alles mit seinem Charakter.«

Nicolas Chamfort

3. Gelassen sein, nicht immer, aber immer öfter! ☐

»Wie vieles gibt es doch, was ich nicht nötig habe.«

Sokrates

4. Glück musst du können! ☐

»Man ist eigentlich nur durch Nachdenken unglücklich.«

Joseph Joubert

5. Erzähle es, sonst versteht dich keiner! ☐

»Wenn man einmal weiß, worauf es alles ankommt, hört man auf gesprächig zu sein.«

Johann Wolfgang von Goethe

6. Intuitiv alles richtig machen! ☐

»Das eigentlich Wertvolle ist im Grunde die Intuition.«

Albert Einstein

7. Mache einen Plan! ☐

»Viele Menschen glauben, dass sie denken, wenn sie lediglich ihre Vorurteile neu ordnen.«

Lothar Schmidt

8. Tu es! ☐

»Gibt es einen Unterschied zwischen Theorie und Praxis? Es gibt ihn. In der Tat.«

Werner Mitsch

9. Suche deine Traumaufgabe! ☐

»Arbeit gibt uns mehr als den Lebensunterhalt, sie gibt uns das Leben.«

Henry Ford

10. Sei tolerant! ☐

»Die Jugend hat Respekt vor dem Alter, allerdings nur beim Wein, Whisky und alten Möbeln.«

Truman Capote

11. Lache! ▢

»Humor ist: mit einer Träne im Auge lächelnd dem Leben beipflichten.«

Friedl Beutelrock

12. Liebe! ▢

»Alle glücklichen Familien gleichen einander, jede unglückliche Familie ist auf ihre Art unglücklich.«

Leo Tolstoi

13. Hab' keine Angst! ▢

»Haben Sie keine Angst vor der Zukunft – sie beginnt erst morgen.«

Zarko Petan

14. Finde deine Tradition! ▢

»Jede Generation lächelt über die Väter, lacht über die Großväter und bewundert die Urgroßväter.«

W. S. Maugham

15. Bleibe gesund! ▢

»Die Gesundheit ist ein Stück Himmel auf Erden.«

Ernst R. Hauschka

16. Suche dir Vorbilder! ▢

»Guter Rat ist wie Schnee: je leiser er fällt, desto länger bleibt er liegen.«

Unbekannt

17. Blicke auf dein Ganzes! ▢

»Wer das Ganze im Blick hat, der kann frei sein.«

Martin Luther

Der Größenwahn hat ein Ende.

Schlagwortverzeichnis

Autorenverzeichnis

A

Achard, Marcel; 1899-1974
französischer Dramatiker

Acheson, Dean; 1893-1971
amerikanischer Politiker,
Außenminister 1945-1947

Adenauer, Konrad; 1876-1967
deutscher Staatsmann,
Bundeskanzler 1949-1963

Adler, Alfred; 1870-1937
österreichischer Arzt und Psychologe

Agate, James; 1977-1947
englischer Kritiker

Amiel, Henri-Frédéric; 1821-1881
schweizerischer Philosoph
und Kritiker

Andrews, Julie; geb. 1935
amerikanische Filmschauspielerin

Aristoteles; 384-322 v. Chr.
griechischer Philosoph

Asquith, Herbert-Henry;
1852-1928, englischer Politiker

Augustinus; 354-430
römisch-lateinischer Bischof in Nordafrika, bedeutendster Kirchenlehrer des Abendlandes

Aurel, Marc; 121-180
römischer Kaiser 161-180

B

Bagehot, Walter; 1826-1877
englischer Nationalökonom
und Jurist

Baldwin, James; 1924-1987
amerikanischer Schriftsteller

Balzac, Honoré de; 1799-1950
französischer Romanschriftsteller
und Dichter

Barrés, Maurice; 1862-1923
französischer Schriftsteller

Baruch, Bernhard M.; 1870-1965
amerikanischer Politiker
und Bankier

Bernanos, Georges; 1888-1948
französischer Schriftsteller

Beutelrock, Friedl; 1899-1958
deutsche Schriftstellerin

Bierce, Ambrose; 1842-1914
amerikanischer Satiriker
und Schriftsteller

Billings, Josh, eigentlich
Henry Wheeler Shaw; 1818-1885
amerikanischer Humorist

Bismarck, Otto von; 1815-1898
deutscher Staatsmann,
1. Reichskanzler 1871-1890

Blum, Jean-Paul; geb. 1946
deutscher Jurist

Blüm, Norbert; geb. 1935
deutscher Politiker

Bohr, Niels; 1855-1962
dänischer Physiker,
Physik-Nobelpreis 1922

Brecht, Berthold; 1989-1956
deutscher zeitkritischer Schriftsteller,
Dramatiker, Regisseur und Lyriker

Britt, Steward Henderson;
1907-1979
amerikanischer Werbefachmann

Bruyére, Jean de la; 1645-1695
französischer Schriftsteller

Büchner, Ludwig; 1924-1899
deutscher Philosoph

Buck, Pearl S., Pseudonym John Sedges; 1892-1973
amerikanische Schriftstellerin,
Literatur-Nobelpreis 1938

Buddenberg, Hellmuth;
geb. 1924
Vorsitzender des Aufsichtsrats
der deutschen BP AG, Hamburg

Busch, Wilhelm;1832-1908
deutscher Dichter,
Maler und Zeichner

Butler, Samuel, der Jüngere;
1935-1902
englischer Schriftsteller

C

Caldwell, Erskine; 1903-1987
amerikanischer Schriftsteller

Camus, Albert;1913-1960
französischer Erzähler
und Dramatiker

Capote, Truman; 1924-1984
amerikanischer Schriftsteller

Carstens, Karl; 1914-1992
deutscher Politiker,
Bundespräsident 1979-1984

Chamfort, Nicolas; 1741-1794
französischer Moralist und
Aphoristiker

Chase, Stuart; 1888-1932
amerikanischer
Sozialwissenschaftler

Churchill, Sir Winston; 1874-1965
englischer Premierminister
1940-1945

Cicero, Marcus Tullius;
106-43 v. Chr.
römischer Staatsmann, Redner und
Schriftsteller

Clair, René; 1898-1981
französischer Filmregisseur

Claudius, Matthias; 1740-1815
deutscher Dichter

Cocteau, Jean; 1889-1963
französischer Dichter, Komponist,
Maler und Filmregisseur

Coleridge, Samuel Taylor;
1772-1834
englischer Dichter und Philosoph

Coolidge, Calvin; 1872-1933
amerikanischer Staatsmann,
30. Präsident der USA 1923-1929

Couve de Murville, Maurice;
1907-1999
französischer Politiker,
Ministerpräsident 1968-1969

Csikszentmihalyi, Mihaly;
geb. 1934
Professor für Psychologie

D

Davenant, Sir William;
1606-1688
englischer Dichter

De Escobar, Antoinette Schmelter,
Journalistin

Depp, Johnny; geb. 1963
amerikanischer Schauspieler

Deutsch, Ernst; 1890-1969
österreichischer Schauspieler

Diderot, Denis; 1713-1784
französischer Philosoph
und Schriftsteller

Disraeli, Benjamin; 1804-1881
englischer Staatsmann,
Premierminister 1868 u. 1874-1880

Dostojewski, Fjodor Michailowitsch;
1821-1881
russischer Schriftsteller und Dichter

Duché, Jean; geb. 1915
französischer Schriftsteller

Dumas, Alexandre, der Ältere;
1802-1870
französischer Schriftsteller

E

Ebner-Eschenbach, Marie von;
1830-1916
österreichische Erzählerin, Autorin
und Aphoristikerin

Egerer, Hatto; geb. 1921
deutscher Arzt und Aphoristiker

Einstein, Albert; 1879-1955
deutsch-amerikanischer Physiker,
Entwickler der Relativitätstheorie,
Physik-Nobelpreis 1921

Emerson, Ralph Waldo;
1803-1882
amerikanischer Philosoph
und Dichter

Erasmus von Rotterdam; 1469-1536
niederländischer Humanist und
Theologe

Erhard, Ludwig; 1897-1977
deutscher Wirtschaftsminister
1949-1963
und Bundeskanzler 1963-1966

F

Fadejew, Alexander; 1901-1956
russischer Schriftsteller

Fallersleben, August Heinrich von;
1798-1874
Hochschullehrer für Germanistik
und Dichter

Feistel, Monika; geb. 1945
deutsche Autorin

Flaubert, Gustave; 1821-1880
französischer Schriftsteller

Fontaine, Jean de la; 1621-1695
französischer Schriftsteller

Fontane, Theodor; 1819-1989
deutscher Schriftsteller und Erzähler

Ford I., Henry; 1863-1947
amerikanischer Automobilproduzent

Ford II., Henry; 1917-1987
amerikanischer Automobilproduzent

France, Anatole; 1844-1924
französischer Dichter,
Literatur-Nobelpreis 1921

Franklin, Benjamin; 1706-1790
amerikanischer Staatsmann
und Philosoph

Freud, Sigmund; 1856-1939
österreichischer Arzt, Neurologe
und Psychologe

Frost, Robert Lee; 1874-1963
amerikanischer Lyriker

Fuller, Thomas; 1608-1661
englischer Theologe, Philosoph
und Historiker

G

Galsworthy, John; 1967-1933
englischer Roman- und Bühnenschriftsteller

Gandhi, Mahatma; 1869-1948
indischer Philosoph und Staatsmann

Giraudoux, Jean; 1882-1944
französischer Dramatiker, Erzähler,
Essayist, Schriftsteller und Diplomat

Gladstone, William Ewart;
1809-1898
englischer Staatsmann, mehrmals
Premierminister

Goethe, Johann Wolfgang von;
1749-1832
deutscher Dichter

Goetz, Curt; 1888-1960
deutscher Schauspieler und Schriftsteller

Graciàn y Morales, Balthasar,
1601-1658
spanischer Philosoph, Schriftsteller
und Jesuitenpater

Grillparzer, Franz; 1791-1872
österreichischer Dichter

Guareschi, Giovanni, 1908-1986
italienischer Journalist
und Karikaturist

H

Habe, Hans; 1911-1977
deutscher Publizist und Schriftsteller

Hagedorn, Friedrich von;
1708-1754
deutscher Dichter des Rokoko

Hauptmann, Gerhart; 1862-1946
deutscher Dichter

Hauschka, Ernst R.; geb. 1926
deutscher Bibliothekar und Aphoristiker

Hegel, Georg Wilhelm Friedrich; 1770-1831
deutscher Philosoph

Heine, Heinrich; 1797-1856
deutscher Dichter und Publizist

Henriot, Èmile; 1889-1961
französischer Lyriker, Essayist, Schriftsteller und Kritiker

Herder, Johann Gottfried von; 1744-1803
deutscher Dichter, Theologe und Philosoph

Herrhausen, Alfred; 1930-1989
deutscher Bankier, alleiniger Vorstandssprecher der Deutschen Bank 1988-1989

Herzl, Theodor; 1860-1904
österreichischer Schriftsteller, Begründer der zionistischen Weltorganisation

Heuss, Theodor; 1884-1963
deutscher Politiker und Publizist, Bundespräsident 1949-1959

Hobbes, Thomas; 1588-1679
englischer Philosoph und Dichter

Höffding, Harald; 1843-1931
dänischer Philosoph

Hofmannsthal, Hugo von; 1874-1929
österreichischer Dichter

Hubbard, Elbert; 1856-1915
amerikanischer Essayist

Hugo, Victor; 1802-1885
französischer Dichter

Humboldt, Alexander von; 1769-1859
deutscher Naturforscher und Geograph

Huxley, Aldous Leonard; 1894-1963
englischer Essayist, Dichter, Philosoph und Kulturkritiker

I

Iacocca, Lee; geb. 1924
amerikanischer Automobilmanager

J

James, William; 1842-1910
amerikanischer Philosoph und Psychologe

Johnson, Samuel; 1709-1784
englischer Dichter, Schriftsteller und Literaturkritiker

Joubert, Joseph; 1754-1824
französischer Moralist und Epigrammatiker

K

Kant, Immanuel; 1724 –1804
deutscher Philosoph

Kästner, Erich; 1899-1974
deutscher Dichter

Keller, Gottfried; 1819-1890
schweizerischer Dichter, Erzähler und Lyriker

Kennan, Georg Frost; geb. 1904
amerikanischer Diplomat und Historiker

Kennedy, John F.; 1917-1963
amerikanischer Staatsmann,
35. Präsident der USA 1961-1963

Kessel, Martin; 1901-1990
deutscher Erzähler, Lyriker, Essayist und Aphoristiker

Kinkel, Johann Gottfried;
1815-1882
deutscher Erzähler und Lyriker

Kipling, Rudyard; 1865-1936
englischer Erzähler, Romanautor und Lyriker

Kolakowski, Leszek; geb. 1927
polnischer marxistischer Philosoph und Schriftsteller, Kritiker des Stalinismus

Kritzfeld, Ron (Pseudonym);
geb. 1921
deutscher Unternehmer

Kuhlmann, Friedel Marie;
1896-1972
deutsche Schriftstellerin

Kushner, Rabbi Harold S;
geb. 1935
spiritueller Literat

L

Lampedusa, Guiseppe Tomasi di;
1896-1957
italienischer Romancier und Schriftsteller

La Rochefoucauld, Francois
VI. Duc de ; 1613-1680
französischer Moralist und Aphoristiker

Lenin, eigentlich Wladimir Iljitsch
Uljanow; 1870-1924
russischer Revolutionär und Staatsmann

Lessing, Gotthold Ephraim; 1729-1781
deutscher Dichter und Philosoph

Lichtenberg, Georg Christoph;
1742-1799
deutscher Physiker, Philosoph und Aphoristiker

Lincoln, Abraham; 1809-1965
amerikanischer Staatsmann,
16. Präsident der USA 1861-1865

Lohberger, Hans; 1920-1979
österreichischer Lyriker, Erzähler, Romanautor und Aphoristiker

Lowell, James Russell;
1819-1891
amerikanischer Dichter und Kritiker

Luther, Martin; 1483-1546
deutscher Reformator

M

Macmillan, Harold; 1894-1986
englischer Politiker und Verleger,
Premierminister 1957-1963

Mann, Thomas; 1875-1955
deutscher Dichter,
Literatur-Nobelpreis 1929

Marshall, George C.; 1880-1959
amerikanischer General und Politiker

Maugham, William Somerset;
1874-1965
englischer Erzähler und Dramatiker

Mauriac, Francois; 1885-1970
französischer Romancier

Mencken, Henry Louis ;
1880-1956
amerikanischer Journalist, Literaturkritiker, Essayist und Schriftsteller

Mill, John Stuart; 1891-1980
englischer Philosoph und
Nationalökonom

Miller, Henry; 1891-1965
amerikanischer Schriftsteller und
Maler

Mitsch, Werner, geb. 1936
deutscher Schriftsetzer und
Aphoristiker

Mizner, Wilson; 1876-1933
amerikanischer Schriftsteller
und Humorist

Morgan, Charles; 1894-1958
englischer Schriftsteller

Morgenstern, Christian;
1871-1914
deutscher Dichter

Munthe, Axel; 1857-1949
schwedischer Arzt und Schriftsteller

Musil, Robert; 1880-1942
österreichischer Romanautor,
Dramatiker und Essayist

Muthmann, Robert; geb. 1922
deutscher Jurist, Lyriker und
Aphoristiker

N

Nahr, Helmar; 1931-1990
deutscher Mathematiker,
Wirtschaftswissenschaftler und
Aphoristiker

Naisbitt, John; geb. 1929
amerikanischer Zukunftsforscher

Napierski, Stefan; 1899-1940
polnischer Schriftsteller

Nestroy, Johann Nepomuk;
1801-1862
österreichischer Dichter
und Schauspieler

Nietzsche, Friedrich Wilhelm;
1844-1900
deutscher Philosoph

Novalis, eigentlich Friedrich Leopold
Freiherr von Hardenberg; 1772-1801
deutscher Dichter

O

O'Connor, Johnson; 1891-1965
amerikanischer Unternehmer

Oetinger, Friedrich; 1702-1782
deutscher Theologe

Ortega y Gasset, José ;
1883-1955
spanischer Kulturphilosoph,
Soziologe und Schriftsteller

P

Pagnol, Marcel; 1895-1974
französischer Dramatiker,
Schriftsteller und Drehbuchautor

Pascal, Blaise; 1623-1962
französischer Mathematiker,
Philosoph und Schriftsteller

Petan, Zarko; geb. 1944
slowenischer Schriftsteller und
Aphoristiker

Pinter, Harold; geb. 1930
englischer Dramatiker

Platon; 427-347 v. Chr.
griechischer Philosoph

Plinius, der Ältere; 23-79
römischer Offizier und Schriftsteller

Pollock, Channing; 1880-1946
amerikanischer Dramatiker

Q

Qualtinger, Helmut; 1928-1986
österreichischer Kabarettist,
Schauspieler und Schriftsteller

R

Raabe, Wilhelm; 1831-1910
deutscher Dichter

Rathenau, Walther; 1867-1922
deutscher Staatsmann und
Industrieller

Remarque, Erich Maria;
1898-1970
deutscher Schriftsteller

Renard, Jules; 1864-1910
französischer Romanautor,
Dramatiker und Essayist

Rilke, Rainer Maria; 1875-1926
österreichischer Dichter

Ringelnatz, Joachim; 1883-1934
deutscher Dichter, Maler
und Rezitator

Ritschard, Willi; 1918-1983
schweizerischer Finanzminister

Rolfs, Rudolf; geb. 1920
deutscher Theatergründer und –leiter,
Satiriker, Aphoristiker

Rosegger, Peter; 1843-1918
österreichischer Schriftsteller

Roux, Joseph; 1834-1886
französischer Epigrammatiker

Rusk, Dean; geb. 1909
amerikanischer Politiker,
Außenminister 1961-1969

Rychner, Max; 1897-1965
schweizerischer Lyriker, Essayist,
Literaturhistoriker und -kritiker

S

Schaukal, Richard von;
1874-1942
österreichischer Lyriker, Erzähler
und Essayist

Scheel, Walter; geb. 1919
deutscher Politiker,
Bundespräsident 1974-1979

Schiller, Friedrich von;
1759-1805
deutscher Dichter

Schleiermacher, Friedrich Ernst
Daniel; 1768-1834
deutscher Philosoph und Theologe

Schmidt, Lothar; geb. 1922
deutscher Politologe und Aphoristiker

Schnitzler, Arthur; 1862-1931
österreichischer Dramatiker,
Erzähler und Schriftsteller

Schopenhauer, Arthur;
1788-1860
deutscher Philosoph

Schroth, Hannelore; geb. 1922
deutsche Schauspielerin

Schützbach, Rupert; geb. 1933
deutscher Zöllner, Epigrammatiker
und Aphoristiker

Schweitzer, Albert; 1875-1965
deutscher Theologe, Musiker, Arzt
und Philosoph, Friedensnobelpreis
1952

Seneca, Lucius Annaeus;
4 v. Chr.-65 n. Chr.
römischer Philosoph und Dichter

Shaw, George Bernard;
1856-1950
irischer Schriftsteller und Dramatiker

Siemens, Georg von; 1839-1903
deutscher Industrieller und Bankier,
Gründer der deutschen Bank

Simmel, Georg; 1858-1918
deutscher Philosoph und Soziologe

Sinclair, Upton Beall; 1878-1968
amerikanischer Schriftsteller

Sokrates; 470-399 v. Chr.
griechischer Philosoph

Spencer, Herbert; 1820-1903
englischer Philosoph und Soziologe

Sperber, Manès; 1905-1984
französischer Schriftsteller

Stevenson, Robert Louis Balfour;
1850-1894
schottischer Schriftsteller

Stoffel, Norbert ; geb. 1931
deutscher Unternehmer
und Aphoristiker

Storm, Theodor; 1817-1888
deutscher Schriftsteller

Svevo, Italo; 1861-1928
italienischer Schriftsteller

Swift, Jonathan; 1667-1745
irischer Schriftsteller und Satiriker

T

Tati, Jacques; 1907-1982
französischer Filmschauspieler
und Regisseur

Tillich, Paul; 1886-1965
deutsch-amerikanischer Theologe
und Religionsphilosoph

Tillier, Claude; 1801-1944
französischer Romanschriftsteller

Tolstoi, Graf Leo Nikolajewitsch;
1828-1910
russischer Schriftsteller und Dichter

Toynbee, Arnold Joseph;
1889-1975
englischer Historiker und
Kulturphilosoph

Tschopp, Charles; 1899-1982
schweizerischer Aphoristiker

Tucholsky, Kurt; 1890-1935
deutscher Schriftsteller, Satiriker
und Romanautor

Twain, Mark; 1835-1910
amerikanischer Schriftsteller
und Humorist

U

Uhlenbruck, Gerhard; geb. 1929
deutscher Mediziner und
Aphoristiker

V

Valentin, Karl; 1842-1948
deutscher Komiker

Vauvenargues, Marquis de Luc
de Clapiers ; 1715-1747
französischer Philosoph und Dichter

Voltaire, eigentlich Francois-Marie
Arouet; 1694-1778
französischer Philosoph und Dichter

W

Waggerl, Karl-Heinrich;
1897-1973
österreichischer Erzähler, Romanau-
tor, Dramatiker und Aphoristiker

Walpole, Horace 4. Earl of Oxford;
1717-1797
englischer Schriftsteller

Walters, Hellmut; 1930-1985
deutscher Schriftsteller, Pädagoge
und Aphoristiker

Wiggam, Alfred E.; 1909-1960
amerikanischer Journalist

Wilde, Oscar; 1856-1900
englisch-irischer Schriftsteller
und Dramatiker

X

Xenophanes, 565-470 v. Chr.
griechischer Dichter und Philosoph

Z

Zuckmayer, Carl; 1896-1977
deutscher Schriftsteller

Zweig, Stefan; 1881-1942
österreichischer Schriftsteller

DANKE …

an meine Tochter Merle für die vielen wunderbaren Fotos.

an meinen Sohn Momme für seine entwaffnende Ehrlichkeit.

an meine Freunde, dass Sie immer für mich da sind.

an meine Kollegen, dass sie recht lange ohne mich auskommen durften.

an meinen Schwager Rainer für die vielen guten Korrekturen.

an den da oben.

Lars Grewe